숏공 30일 기초 중국어 회화

초판 1쇄 인쇄	2025년 10월 13일
초판 1쇄 발행	2025년 10월 20일

발행인	임충배
홍보 · 마케팅	양경자
편집	AI 편집부
감수	박슬기
디자인	서해숙
펴낸 곳	도서출판 삼육오(PUB.365)
제작	(주)피앤엠123

출판신고	2014년 4월 3일
등록번호	제406-2014-000035호

(10882) 경기도 파주시 산남로 183-25
TEL 031-946-3196, FAX 031-946-3171
홈페이지 www.pub365.co.kr

ISBN 979-11-94543-32-9 03720
ⓒ 2025 PUB.365

· 저자와 출판사의 허락 없이 내용 일부를 인용하거나 발췌하는 것을 금합니다.
· 저자와의 협의에 의하여 인지는 붙이지 않습니다.
· 가격은 뒤표지에 표시되어 있습니다.
· 잘못 만들어진 책은 구입처에서 교환해 드립니다.

육공! 30일 기초 중국어 회화   이 책, 이렇게 활용하세요!

30일 후, 당신의 말문이 열립니다. 단어만 외우던 공부에서, 직접 말해보는
연습으로 바꾸면 중국어가 조금씩, 분명하게 내 것이 됩니다.

1단계
문장과 어휘 익히기
주제별 문장과 어휘를 확인해요. 발음이 어려운 단어는 MP3로 먼저 듣고 따라 말하면서 입에 익혀보세요.

2단계
대화로 응용하기
배운 표현이 실제 회화 상황에서 활용하는 법을 확인해요. 상황을 상상하며 역할극처럼 연습하면 더욱 효과적입니다.

3단계
연습문제로 복습하기
오늘 학습을 잘 했는지 문제로 꼼꼼히 복습하세요. 쓰기보다 말하기가 핵심입니다. 입으로 말하면서 풀어주세요.

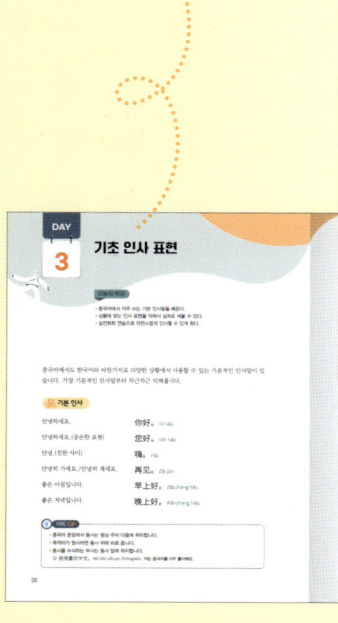
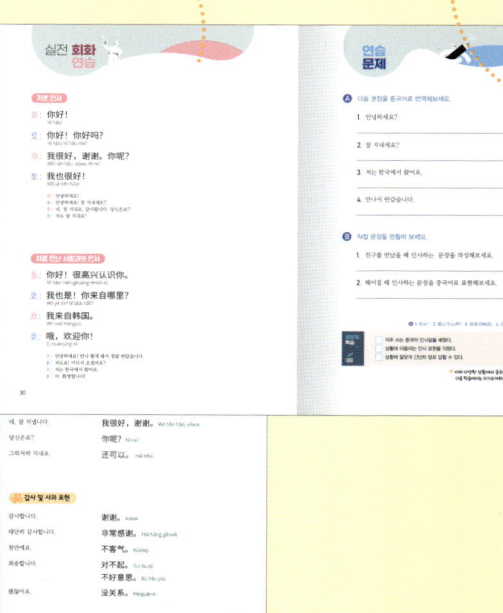

4단계

MP3 듣고 따라 말하기

성조에 익숙해지고 발음을 익혀요.
속도가 빠를 경우, 처음에는 느리게
→ 점차 원어민 속도로 쉐도잉하세요.

5단계

오늘의 한 문장 쓰고 말하기

오늘 배운 문장을 1개 써 보며
마무리해요. 직접 문장을 만들고
발음하며 말해보는 것이 기억에 오래
남고 실전에도 강해지는 방법입니다.

차 례

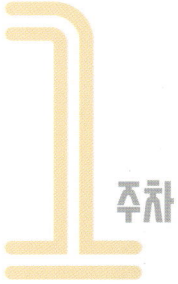

중국어 기초 다지기 (발음&기본 표현)

DAY 1	중국어 개요 및 성조 학습	14
DAY 2	중국어의 기본 음절 및 발음법	20
DAY 3	기초 인사 표현	26
DAY 4	자기소개하기	30
DAY 5	숫자와 날짜 표현	34
DAY 6	기본 동사 및 필수 동작 표현	40
DAY 7	1주차 복습 및 실전 연습	44

기본 문법과 실용 표현

DAY 8	중국어 문장 구조	52
DAY 9	의문문 만들기	56
DAY 10	부정문 만들기	60
DAY 11	가족 및 친구 소개	64
DAY 12	시간 표현	68
DAY 13	쇼핑 및 가격 묻기	72
DAY 14	2주차 복습 및 실전 연습	76

실생활 회화 (여행&일상 표현)

DAY 15	음식 주문하기	84
DAY 16	대중교통 이용하기	88
DAY 17	길 묻기 및 방향 표현	92
DAY 18	병원 및 긴급 상황 표현	96
DAY 19	호텔 체크인 및 예약하기	100
DAY 20	날씨와 계절 표현	104
DAY 21	3주차 복습 및 실전 연습	108

3주차

응용 회화 및 실전 연습

Day 22	취미와 관심사 이야기하기	116
Day 23	감정과 기분 표현	120
Day 24	미래 계획 이야기하기	124
Day 25	전화 및 메시지 주고받기	128
Day 26	초대 및 약속 잡기	132
Day 27	중국 문화 및 관용 표현	136
Day 28	실전 대화 롤플레이	140
Day 29	전체 복습 및 총정리	144
Day 30	회화 실력 최종 점검	148

4주차

30일 완성 로드맵

WEEK 1
중국어 기초 다지기

Day	학습 주제	핵심 내용
Day 1	성조	성조 변화 구분하기
Day 2	발음	성모와 운모 연습하기
Day 3	인사	你好吗?
		我很好。
Day 4	자기 소개	我叫OOO。
		我是韩国人。
Day 5	숫자와 날짜	零, 一, 二, 三, …
		今天几月几号?
Day 6	기본 동사	吃, 喝, 去, 看
Day 7	복습 및 실전 연습	자신이 좋아하는 활동 말하기

WEEK 2
기본 문법과 유용한 표현

Day	학습 주제	핵심 내용
Day 8	문장 구조	我吃饭。
		他喝水。
Day 9	의문문	这是什么?
		你住在哪里?
Day 10	부정문	我不是学生。
		我不喜欢咖啡。
Day 11	가족 및 친구	这是我的弟弟。
		她是 我的朋友。
Day 12	시간	现在几点?
		下午三点。
Day 13	쇼핑	这个多少钱?
		太贵了!
Day 14	복습 및 실전 연습	나만의 가족 소개 만들기

내가 말해본 문장 또는 단어

내가 제일 잘한 표현 :

내가 말해본 문장 또는 단어

가장 어려웠던 표현 :

WEEK 3
실생활 회화

Day	학습 주제	핵심 내용
Day 15	음식 주문	我要一碗面。
		请不要放辣。
Day 16	대중교통	公交车站在哪里?
		请带我去首尔站。
Day 17	길 묻기	洗手间在哪里?
		一直走。
Day 18	병원 및 긴급 상황	救命!
		我肚子疼。
Day 19	호텔 체크인 및 예약	我有预订。
		我想办理入住。
Day 20	날씨와 계절	今天下雨了。
		天气很冷。
Day 21	복습 및 실전 연습	길 안내, 호텔 체크인 상황 재현하기

WEEK 4
응용 회화 및 실전 연습

Day	학습 주제	핵심 내용
Day 22	취미와 관심사	我喜欢画画，你呢?
Day 23	감정과 기분	我很开心。
		我感觉很累。
Day 24	미래 계획	明年我要去中国。
Day 25	전화와 메시지	喂，你现在方便接电话吗?
		我发短信了。
Day 26	초대 및 약속 잡기	你什么时候有空?
		我们一起去看电影吧。
Day 27	중국 문화 및 관용 표현	我开吃了!
		辛苦了!
Day 28	실전 롤플레이 연습	음식 주문, 약속 잡는 상황 연습하기

WEEK 5
최종 정리 & 테스트

Day	학습 주제	핵심 내용
Day 29	전체 복습	1~28일 표현 총정리 테스트
Day 30	스피치 챌린지	나만의 1분 스피치 원고 작성 및 녹음

내가 말해본 문장 또는 단어

가장 어려웠던 표현 :

내가 말해본 문장 또는 단어

다시 연습하고 싶은 표현 :

스스로 점수 : _____점 / 100점

내가 말한 주제 :

주차

욕공! 30일 기초 중국어 회화

중국어
기초 다지기
(발음&기본 표현)

Day 1   중국어 개요 및 성조 학습
Day 2   중국어의 기본 음절 및 발음법
Day 3   기초 인사 표현
Day 4   자기소개하기
Day 5   숫자와 날짜 표현
Day 6   기본 동사 및 필수 동작 표현
Day 7   1주차 복습 및 실전 연습

DAY 1
중국어 개요 및 성조 학습

오늘의 목표

- 중국어를 어떻게 배우는지 감을 잡는다.
- 한어병음(Pinyin)과 성조를 배워보고 익숙해진다.
- 발음 연습을 통해 중국어 소리에 자연스럽게 익숙해진다.

중국어란 무엇인가?

중국어(汉语, Hànyǔ)는 세계에서 가장 많은 사람들이 사용하는 언어로, 중국, 대만, 싱가포르, 말레이시아 등의 국가 및 지역에서 공식 언어로 사용됩니다. 한자를 사용하며 성조가 있는 특징이 있어요. 중국어를 배우면 중국, 대만, 싱가포르 등 여러 지역에서 의사소통이 가능하며, 비즈니스와 여행에서도 큰 도움이 되겠습니다.

중국어의 주요 특징

1. 한자(汉字, Hànzì)를 사용
2. 성조(声调, Shēngdiào)라는 독특한 음조 체계 보유
3. 주어―동사―목적어(SVO) 어순을 기본으로 하는 문장 구조

한어병음(Pinyin)이란?

한어병음(拼音, Pīnyīn)은 중국어 발음을 알파벳으로 표기한 시스템입니다. 1958년 중국에서 공식적으로 도입되었으며, 표준 중국어의 발음을 정확히 학습하고 표기하는 데 사용되고 있지요. 현재 중국뿐만 아니라 국제적으로 중국어 교육 및 한자 입력 시스템에서 중요한 역할을 하고 있습니다. 중국어 학습자가 발음을 쉽게 익힐 수 있도록 만들어졌으며, 성조와

함께 사용됩니다.

> **병음의 구성 요소**
>
> 1. 성모(声母, Shēngmǔ): 자음 역할(예: b, p, m, d, t, n, l...)
> 2. 운모(韵母, Yùnmǔ): 모음 역할(예: a, o, e, i, u, ü...)
> 3. 성조(声调, Shēngdiào): 발음의 높낮이를 결정하는 요소

중국어의 성조(声调)

중국어는 같은 음절이라도 성조에 따라 의미가 달라질 수 있다. 성조는 총 4가지로 나뉩니다.

─	╱	∨	╲
1성 (고음)	**2성** (상승)	**3성** (곡선)	**4성** (하강)
mā 妈 엄마	má 麻 삼	mǎ 马 말	mà 骂 꾸짖다

> **연습 TiP**
>
> • 성조가 의미를 바꿀 수 있으므로 정확한 발음이 중요합니다.
>   예) [tā] 他 그   [tǎ] 塔 탑   [tà] 踏 밟다, 디디다
>   [shuǐ] 水 물   [shuì] 睡 자다

🧑‍🏫 기본 발음 연습

아래의 기본 음절들을 연습해 보세요.

(1) 성모 발음 연습

b, p, m, f	d, t, n, l	g, k, h
두 입술을 붙여서 내는 소리	혀끝으로 내는 소리	혀뿌리로 내는 소리
입술을 닫았다가 열며 발음	혀끝이 윗잇몸에 닿거나 가까움	혀 뒷부분이 입천장이나 목 쪽에 닿음

z, c, s	zh, ch, sh, r	j, q, x
윗잇몸 근처에서 나는 소리	혀를 둥글게 말아 내는 소리	혀 앞부분으로 내는 소리
혀끝이 윗니 바로 뒤쪽에 닿음	혀를 뒤로 말아서 윗입천장에 닿게	혀 앞이 입천장에 부드럽게 닿음

(2) 운모 발음 연습

단운모 하나의 모음 소리만 나는 기본 소리

a	o	e	i	u	ü
[아]	[오어]	[으어] 혹은 [에]로 발음	[이]	[우]	[위]
입을 넓게 벌림	입술을 둥글게 모음	혀를 뒤로 당기며 소리 냄	입꼬리를 옆으로 벌려 얇게	입술을 앞으로 오므림	입술은 u, 혀는 i 위치

 연습 TiP

- [ü]는 입술을 둥글게 만들고 [i]를 발음하는 느낌입니다. 한국어에는 없는 소리이므로 연습이 필요합니다.

복운모 두 개 이상의 모음이 결합되어 나는 소리

ai	**ei**	**ao**	**ou**	**ia**	**ie**
[아이]	[에이]	[아오]	[어우]	[이아]	[이에]
a→i로 이어짐	e→i로 이어짐	a→o로 이어짐	o→u로 이어짐	i→a로 이어짐	u→a로 이어짐

ua	**uo**	**üe**	**iao**	**iou**	**uai**
[우아]	[우어]	[위에]	[이아오]	[이어우]	[우아이]
u→a로 이어짐	u→o로 이어짐	ü→e로 이어짐	i→a→o로 이어짐	i→o→u로 이어짐	u→a→i로 이어짐

uei → ui

[우에이]

u→e→i로 이어짐

비운모 모음 끝에 n 또는 ng으로 코 소리가 나는 운모

an	**en**	**in**	**un**	**ün**	**ang**
[안]	[언]	[인]	[운]	[윈]	[앙] 콧소리 강조
a+n	e+n	i+n	u+n	ü+n	a+ng

eng	**ing**	**ong**	**iong**
[엉]	[잉]	[옹]	[이옹]
e+ng	i+ng	o+ng	i+ong

1주차
Day 1

A 성조 맞추기 연습 · 다음 병음 표기를 보고 성조를 구분해 보세요.

	성조	뜻
1. mǎ	_____	_____
2. bá	_____	_____
3. gāo	_____	_____
4. mài	_____	_____

B 성모 + 운모 조합 연습 · 직접 단어를 만들어 보세요.

1. d + e = _____
2. g + u = _____
3. k + ai = _____
4. h + ou = _____
5. zh + ang = _____
6. sh + uei = _____

C 제시된 단어를 읽고, 성모의 발음 위치와 특징을 적어 보세요.

1. bā   b : _____
2. zhōng zh : _____
3. xiè   x : _____
4. rì   r : _____

D 운모의 발음을 한글로 적고, 단어 예시를 큰 소리로 읽어 보세요.

1. ai [_____]   예 mài 팔다, bǎi 숫자 100
2. üe [_____]   예 xué 배우다, lüè 대략
3. ong [_____]   예 zhōng 가운데, gōng 일
4. iou [_____]   예 liú 흐르다, jiǔ 아홉 9
5. ang [_____]   예 fang 방, chàng 노래하다

A 1. 1성, 말 2. 2성, 뽑다 3. 1성, 높다 4. 4성, 팔다   **B** 1. de 2. gu 3. kai 4. hou 5. zhang 6. shui
C 1. 두 입술을 붙였다가 열며 내는 소리 2. 혀를 뒤로 말아 윗입천장에 닿게 내는 소리 3. 혀 앞이 입천장에 가볍게 대고 부드럽게 나는 소리 4. 혀를 말아 올려 부드럽게 진동시키는 소리, 약간 [르]에 가까움
D 1. 아이 2. 위에 3. 옹 4. 이어우 5. 앙

오늘의 복습

☐ 한어병음(Pinyin)과 성조가 무엇인지 배웠다.
☐ 기본 발음을 직접 소리 내어 연습해 보았다.
☐ 성모와 운모를 붙여서 발음하는 연습을 해보았다.

" 이제 기본 발음을 연습하며 성조에 익숙해지는 것이 중요합니다. 다음 학습에서 더욱 다양한 단어와 문장을 배워보겠습니다! 加油! "

DAY 2

중국어의 기본 음절 및 발음법

오늘의 목표

- 중국어 자음(성모)과 모음(운모)을 정확하게 소리 내는 방법을 배운다.
- 헷갈리기 쉬운 자음 소리를 구별해서 연습한다.
- 성조와 병음을 함께 조합해 자연스럽게 말하는 연습을 한다.

중국어 발음의 기본 구조

중국어의 음절은 주로 **성모**(声母, Shēngmǔ) + **운모**(韵母, Yùnmǔ) + **성조**(声调, Shēngdiào)로 구성됩니다. 하지만 일부 예외적인 경우도 존재합니다. 예를 들어, er(儿)은 단독 운모로 사용되며 성모 없이 독립적으로 발음됩니다. 또한, 일부 병음 조합에서 성모가 생략될 수도 있습니다(예: ai, ou, an 등).

예 b + a + 1성 = bā (八, 여덟 8)

구성 요소	설명	예
성모(자음)	음절의 첫 번째 소리	b, p, m, f …
운모(모음)	성모를 제외한 나머지 부분	a, o, e, i, u, ü …
성조(음의 높낮이)	음절의 의미를 결정	1성 ~ 4성

성모(자음) 발음 연습

성모는 중국어 음절의 첫 부분에 위치하는 자음입니다. 한국어와 비슷한 발음도 있지만, 다른 발음도 있으므로 주의해야 합니다.

(1) 발음이 쉬운 성모

이 그룹은 한국어 발음과 비슷하여 쉽게 익힐 수 있습니다.

b
[ㅂ]와 비슷,
숨을 터뜨리지 않음

d
[ㄷ]와 비슷,
숨을 거의 내뿜지 않음

p
[ㅍ]와 비슷,
숨을 강하게 내뿜음

t
[ㅌ]와 비슷,
숨을 확 내쉬며 발음

m
[ㅁ]

n
[ㄴ]

f
[ㅍ]와 비슷하나,
윗니로 아랫입술을
살짝 깨물면서 발음

l
[ㄹ]

예) bà 爸 아빠   mā 妈 엄마   nǐ 你 너, 당신

(2) 발음이 어려운 성모

이 그룹은 한국어에는 없거나 비슷한 소리가 적어 연습이 필요합니다.

- g, k, h: 목구멍 쪽 혀뿌리의 마찰을 느끼며 발음해 보세요.
- j, q, x: 혀를 평평하게 펴고 내는 소리입니다.

g
[ㄱ]와 비슷,
숨을 거의 내뿜지 않음

k
[ㅋ]와 비슷,
숨을 확 내쉬며 발음

h
[ㅎ]와 비슷,
훨씬 더 거칠고 세게
숨을 내쉬는 소리

j
혀를 입천장 앞쪽에
가깝게 붙이고, [지]처럼
부드럽게 발음

q
[치]와 비슷하지만
더 부드럽고
혀가 평평함

x
[시]와 비슷하지만
더 부드럽고
바람소리 섞임

- zh, ch, sh, r: 혀를 둥글게 말아 발음합니다.

zh	**sh**	**ch**	**r**
[ㅈ]와 비슷, 혀를 안으로 말고 입천장 중간에 대면서 발음	혀를 말아서, [스]보다 좀 더 굵고 진하게 발음	[ㅊ]와 비슷, zh보다 숨을 세게 내쉬며 발음	혀를 약간 말면서, [으]+[r] 섞인 부드러운 진동 소리

예 gē 哥 형   qì 气 공기   rì 日 날, 태양

운모(모음) 발음 연습

운모는 음절의 뒷부분을 담당하며, 성모와 결합하여 완전한 소리를 만듭니다.

(1) 단운모

a, o, e, i, u, ü   *DAY 1: 발음기본연습 참고

예 bà 爸 아빠   mǔ 母 어머니   lǜ 绿 초록색

(2) 복운모

ai, ei, ao, ou, an, en, ang, eng, ong   *DAY 1: 발음기본연습 참고

예 hǎo 好 좋다   gōng 工 일, 노동   wéi 喂 여보세요

💡 **발음 TIP**

- [g, k, h]는 모두 목젖 근처에서 발음되지만, [h]는 숨을 많이 내쉬면서 발음하는 것이 특징입니다.
- [j, q, x]는 혀를 평평하게 하고 어금니를 물고 발음하며, [j]는 [지]보다 부드럽고, [q]는 [치]보다 약하며, [x]는 [시]보다 가볍게 발음됩니다.
- [r]은 혀를 말아서 약간 떨리는 소리로 내야 합니다.

성조 변화 연습

성조는 중국어에서 같은 철자의 단어라도 뜻을 완전히 다르게 만들 수 있습니다. 예를 들어, 买(mǎi, 사다)와 卖(mài, 팔다)는 성조 차이로 의미가 완전히 달라지며, 公(gōng, 공공)과 功(gōng, 공로)도 같은 병음을 가지지만 다른 의미를 지닙니다.

1성	2성	3성	4성
mā 妈 엄마	má 麻 삼	mǎ 马 말	mà 骂 꾸짖다
bā 八 8	bá 拔 뽑다	bǎ 把 잡다	bà 爸 아빠

A 제시된 단어를 읽고, 성모의 발음 위치와 특징을 적어 보세요.

1. gē   g : _____
2. qì   q : _____
3. hǎo   h : _____
4. shū   sh : _____

B 성모와 운모, 성조를 조합하여 병음을 쓰고, 단어를 큰 소리로 읽어 보세요.

1. 你 너, 당신 :   n + i   3성   _____
2. 绿 초록색 :   l + ü   4성   _____
3. 中 가운데 :   zh + ong   1성   _____
4. 好 좋다 :   h + ao   3성   _____
5. 日 날, 태양 :   r + i   4성   _____

C 성조 맞추기 연습 · 다음 단어를 읽고 성조를 구별해 보세요.

1. mǎ　　_____
2. bá　　_____
3. gāo　_____
4. mài　_____

D 성모 + 운모 조합 연습 · 직접 단어를 만들어 보세요.

1. b + a　　=　_____
2. p + o　　=　_____
3. ch + en　=　_____
4. sh + ei　=　_____

Ⓐ 1. 혀뿌리를 목구멍 쪽에 대며, 숨을 거의 내뿜지 않는 소리 2. 혀를 평평하게 하여 [치]보다 부드럽게 발음
3. 목구멍에서 숨을 많이 내쉬며 발음 4. 1. 혀를 말아 [스]보다 굵고 진하게 발음
Ⓑ 1. nǐ 2. lǜ 3. zhǒng 4. hǎo 5. rì
Ⓒ 1. 3성 2. 2성 3. 1성 4. 4성　Ⓓ 1. ba 2. po 3. zhang 4. shei

☐ 중국어 자음(성모)과 모음(운모)이 무엇인지 알게 되었다.
☐ 자음과 모음을 소리 내어 연습해 보았다.
☐ 성조에 따라 뜻이 달라지는 걸 이해했다.
☐ 자음과 모음을 붙여서 자연스럽게 발음하는 연습을 했다.

❝ 이제 기본 발음을 연습하며 성조에 익숙해지는 것이 중요합니다.
다음 학습에서는 더욱 다양한 단어와 문장을 배워보겠습니다! 加油! ❞

DAY 3

기초 인사 표현

오늘의 목표

- 중국어에서 자주 쓰는 기본 인사말을 배운다.
- 상황에 맞는 인사 표현을 익혀서 실제로 써볼 수 있다.
- 실전회화 연습으로 자연스럽게 인사할 수 있게 된다.

중국어에서도 한국어와 마찬가지로 다양한 상황에서 사용할 수 있는 기본적인 인사말이 있습니다. 가장 기본적인 인사말부터 차근차근 익혀봅시다.

기본 인사

한국어	중국어	병음
안녕하세요.	你好。	Nǐ hǎo.
안녕하세요.(공손한 표현)	您好。	Nín hǎo.
안녕.(친한 사이)	嗨。	Hāi.
안녕히 가세요./안녕히 계세요.	再见。	Zàijiàn.
좋은 아침입니다.	早上好。	Zǎoshang hǎo.
좋은 저녁입니다.	晚上好。	Wǎnshang hǎo.

어휘 TiP

- 중국어 문장에서 동사는 항상 주어 다음에 위치합니다.
- 목적어가 명사라면 동사 뒤에 바로 옵니다.
- 동사를 수식하는 부사는 동사 앞에 위치합니다.
   예) 我很喜欢中文。 Wǒ hěn xǐhuan Zhōngwén. 저는 중국어를 아주 좋아해요.

🔸 처음 만났을 때

만나서 반갑습니다.　　　很高兴认识你。 Hěn gāoxìng rènshi nǐ.

어디에서 오셨어요?　　你来自哪里？ Nǐ láizì nǎlǐ?

저는 한국에서 왔어요.　　我来自韩国。 Wǒ láizì Hánguó.

🔸 상대방의 안부를 물을 때

잘 지내세요?　　　最近怎么样？ Zuìjìn zěnmeyàng?

네, 잘 지냅니다.　　我很好，谢谢。 Wǒ hěn hǎo, xièxie.

당신은요?　　　你呢？ Nǐ ne?

그럭저럭 지내요.　　还可以。 Hái kěyǐ.

🔸 감사 및 사과 표현

감사합니다.　　　谢谢。 Xièxie.

대단히 감사합니다.　　非常感谢。 Fēicháng gǎnxiè.

천만에요.　　不客气。 Búkèqi.

죄송합니다.　　对不起。 Duìbuqǐ.
　　　不好意思。 Bùhǎoyìsi.

괜찮아요.　　没关系。 Méiguānxi.

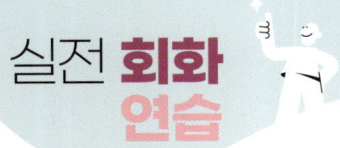

실전 회화 연습

기본 인사

🧑‍🦰 : **你好！**
Nǐ hǎo!

🧑 : **你好！你好吗？**
Nǐ hǎo! Nǐ hǎo ma?

🧑‍🦰 : **我很好，谢谢。你呢？**
Wǒ hěn hǎo, xièxie. Nǐ ne?

🧑 : **我也很好！**
Wǒ yě hěn hǎo!

> 🧑‍🦰 : 안녕하세요!
> 🧑 : 안녕하세요! 잘 지내세요?
> 🧑‍🦰 : 네, 잘 지내요. 감사합니다. 당신은요?
> 🧑 : 저도 잘 지내요!

처음 만난 사람과의 인사

🧑‍🦰 : **你好！很高兴认识你。**
Nǐ hǎo! Hěn gāoxìng rènshi nǐ.

🧑 : **我也是！你来自哪里？**
Wǒ yě shì! Nǐ láizì nǎlǐ?

🧑‍🦰 : **我来自韩国。**
Wǒ láizì Hánguó.

🧑 : **哦，欢迎你！**
Ò, huānyíng nǐ!

> 🧑‍🦰 : 안녕하세요! 만나 뵙게 돼서 정말 반갑습니다.
> 🧑 : 저도요! 어디서 오셨어요?
> 🧑‍🦰 : 저는 한국에서 왔어요.
> 🧑 : 아, 환영합니다!

A 다음 문장을 중국어로 번역해 보세요.

1. 안녕하세요?

2. 잘 지내세요?

3. 저는 한국에서 왔어요.

4. 만나서 반갑습니다.

B 직접 문장을 만들어 보세요.

1. 친구를 만났을 때 하는 인사를 중국어로 작성해 보세요.

2. 헤어질 때 하는 인사를 중국어로 표현해 보세요.

Ⓐ 1. 你好! 2. 最近怎么样? 3. 我来自韩国。 4. 很高兴认识你   Ⓑ 1. 嗨! 2. 再见!

오늘의 복습
- [ ] 자주 쓰는 중국어 인사말을 배웠다.
- [ ] 상황에 어울리는 인사 표현을 익혔다.
- [ ] 상황에 알맞게 간단히 말로 답할 수 있다.

" 이제 다양한 상황에서 중국어로 자연스럽게 인사할 수 있습니다! 다음 학습에서는 자기소개하는 방법을 배워보겠습니다. 加油! "

DAY 4 자기소개하기

오늘의 목표

- 중국어로 자기소개하는 방법을 배운다.
- 이름, 국적, 직업 등을 자연스럽게 말해보는 연습을 한다.
- 상대에게 자기소개를 부탁할 때 쓰는 표현을 익힌다.

자기소개는 새로운 사람을 만날 때 가장 먼저 하게 되는 대화입니다. 간단한 문장부터 시작하여 차근차근 연습해 봅시다.

기본 자기소개

제 이름은 김대한입니다.	我叫金大韩。 Wǒ jiào Jīn Dàhán.
저는 김대한이라고 합니다.	我的名字是金大韩。 Wǒ de míngzi shì Jīn Dàhán.
저는 김씨입니다.	我姓金。 Wǒ xìng Jīn.

어휘 TiP

- 我叫는 이름을 말할 때 가장 많이 사용하는 표현입니다.
- 你姓什么？는 성(姓)을 묻는 표현이며, 전체 이름을 묻고 싶다면 你叫什么名字？(Nǐ jiào shénme míngzi?)를 사용할 수 있습니다.

🧑‍🏫 국적과 출신지 소개

저는 한국 사람입니다.	我是韩国人。	Wǒ shì Hánguó rén.
저는 중국 사람입니다.	我是中国人。	Wǒ shì Zhōngguó rén.
저는 미국에서 왔어요.	我来自美国。	Wǒ láizì Měiguó.
당신은 어디에서 오셨나요?	你来自哪里？	Nǐ láizì nǎlǐ?

> 💡 **연습 TiP**
> - 나라를 바꿔서 연습해 보세요.
>   예) 저는 일본에서 왔어요. → 我来自日本。Wǒ láizì Rìběn.
> - 我是＿＿＿人。을 활용하여 다양한 국적을 표현해 보세요.

🧑‍🏫 직업과 취미 소개

저는 학생입니다.	我是学生。	Wǒ shì xuéshēng.
저는 회사원입니다.	我是上班族。	Wǒ shì shàngbānzú.
제 취미는 독서입니다.	我的爱好是看书。	Wǒ de àihào shì kàn shū.
저는 음악 듣는 것을 좋아해요.	我喜欢听音乐。	Wǒ xǐhuan tīng yīnyuè.

> 💡 **연습 TiP**
> - 자신의 직업을 중국어로 표현해 보세요.
>   예) 저는 의사입니다. → 我是医生。Wǒ shì yīshēng.
> - 자신의 취미를 다양하게 표현해 보세요.

실전 회화 연습

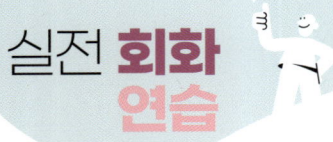

기본 자기소개

🙎‍♀️: 你好！你叫什么名字？
Nǐ hǎo! Nǐ jiào shénme míngzi?

🙎‍♂️: 我叫李明珍。你呢？
Wǒ jiào Lǐ Míngzhēn. Nǐ ne?

🙎‍♀️: 我叫韩秀珍，很高兴认识你！
Wǒ jiào Hán Xiùzhēn, hěn gāoxìng rènshi nǐ!

🙎‍♀️: 안녕하세요! 이름이 뭐예요?
🙎‍♂️: 저는 이명진이에요. 당신은요?
🙎‍♀️: 저는 한수진이에요. 만나서 정말 반가워요!

국적과 직업 소개

🙎‍♀️: 你来自哪里？
Nǐ láizì nǎ lǐ?

🙎‍♂️: 我来自韩国。你呢？
Wǒ láizì Hánguó. Nǐ ne?

🙎‍♀️: 我来自美国。我是老师。
Wǒ láizì Měiguó. Wǒ shì lǎoshī.

🙎‍♀️: 어디서 오셨어요?
🙎‍♂️: 저는 한국에서 왔어요. 당신은요?
🙎‍♀️: 저는 미국에서 왔어요. 저는 선생님이에요.

연습문제

A 다음 문장을 중국어로 번역해 보세요.

1. 제 이름은 김민수입니다.
   _____

2. 저는 한국에서 왔어요.
   _____

3. 저는 학생입니다.
   _____

4. 저는 여행을 좋아합니다.
   _____

B 직접 문장을 만들어 보세요.

1. 자신의 직업을 중국어로 표현해보세요.
   _____

2. 본인의 취미를 중국어로 말해보세요.
   _____

A 1. 我的名字是金民洙。 2. 我来自韩国。 3. 我是学生。 4. 我喜欢旅游。

오늘의 복습
- ☐ 이름, 국적, 직업을 중국어로 자연스럽게 말할 수 있다.
- ☐ 상대에게 자기소개를 부탁하는 표현을 쓸 수 있다.

" 이제 중국어로 자기소개를 할 수 있습니다!
다음 학습에서는 숫자와 날짜 표현을 배워보겠습니다. 加油! "

DAY 5

숫자와 날짜 표현

오늘의 목표

- 중국어 숫자를 읽고 말하는 방법을 배운다.
- 날짜와 요일을 중국어로 말하는 방법을 익힌다.
- 전화번호를 중국어로 말해보는 연습을 한다.

중국어에서는 숫자가 일상생활에서 매우 중요합니다. 가격, 전화번호, 날짜 등을 말할 때 필수적으로 사용되므로 정확한 발음을 익히는 것이 중요합니다.

기본 숫자(0~10)

0	1	2	3	4	5
零 líng	一 yī	二 èr	三 sān	四 sì	五 wǔ
6	7	8	9	10	
六 liù	七 qī	八 bā	九 jiǔ	十 shí	

발음 TiP

- 四와 十는 헷갈릴 수 있으므로 구별해서 발음하는 연습이 필요합니다.
- 二는 숫자 2를 나타낼 때 사용하지만, "두 개"라는 의미에서는 两(liǎng)을 사용해야 합니다.

숫자(11~99)

11~19 십(十) + 해당 숫자	11 ➡ 十一 shí yī 15 ➡ 十五 shí wǔ
20~90 숫자 + 십(十)	20 ➡ 二十 èr shí 70 ➡ 七十 qī shí
21~99 십 단위 + 일의 자리 숫자	21 ➡ 二十一 èr shí yī 99 ➡ 九十九 jiǔ shí jiǔ

날짜

오늘	어제	내일	월	일(날짜)
今天 jīntiān	昨天 zuótiān	明天 míngtiān	月 yuè	日 / 号 hào

오늘은 몇 월 며칠인가요? ➡ 今天几月几号?
Jīntiān jǐ yuè jǐ hào?

오늘은 5월 20일입니다. ➡ 今天五月二十号。
Jīntiān wǔ yuè èr shí hào.

요일

월요일	화요일	수요일	목요일	금요일	토요일	일요일
星期一 xīngqī yī	星期二 xīngqī èr	星期三 xīngqī sān	星期四 xīngqī sì	星期五 xīngqī wǔ	星期六 xīngqī liù	星期天 xīngqī tiān

어휘 TiP
- 요일 앞에는 항상 星期를 붙입니다.
- "일요일"은 星期天 또는 星期日 둘 다 사용 가능합니다.

전화번호

중국어로 전화번호를 말할 때, 숫자를 하나씩 끊어 읽는 것이 일반적입니다.

전화번호 읽기 예시

135-7924-5681 ➡ 一三五 七九二四 五六八一
yāo sān wǔ qī jiǔ èr sì wǔ liù bā yāo

010-2345-6789 ➡ 零一零 二三四五 六七八九
líng yāo líng èr sān sì wǔ liù qī bā jiǔ

발음 TiP
- 숫자 1은 발음이 yī 지만, 전화번호에서 숫자 1이 있을 때는 yāo라고 읽어야 합니다.

MEMO

실전 회화 연습

숫자와 날짜를 활용한 대화

👩 : 今天几月几号？
　　Jīntiān jǐ yuè jǐ hào?

👨 : 今天六月十五号。
　　Jīntiān liù yuè shí wǔ hào.

👩 : 今天星期几？
　　Jīntiān xīngqī jǐ?

👨 : 今天星期三。
　　Jīntiān xīngqī sān.

　　👩 : 오늘 몇 월 며칠이야?
　　👨 : 오늘은 6월 15일이야.
　　👩 : 오늘 무슨 요일이야?
　　👨 : 오늘은 수요일이야.

전화번호를 묻고 답하는 대화

👩 : 你的电话号码是多少？
　　Nǐ de diànhuà hàomǎ shì duōshao?

👨 : 我的电话号码是 135-7924-5681。
　　Wǒ de diànhuà hàomǎ shì yāo sān wǔ qī jiǔ èr sì wǔ liù bā yāo.

　　👩 : 너 전화번호가 뭐야?
　　👨 : 내 전화번호는 135-7924-5681이야.

A 직접 문장을 만들어 보세요.

1. 오늘의 날짜와 요일을 말해보세요.

2. 자신의 전화번호를 중국어로 말해보세요.

3. 상대방에게 전화번호를 물어보는 연습을 해보세요.

오늘의 복습

☐ 중국어 숫자를 정확하게 읽고 말할 수 있다.
☐ 날짜와 요일을 중국어로 말할 수 있다.
☐ 전화번호를 듣고 말할 수 있다.
☐ 숫자를 활용한 짧은 대화를 연습해 보았다.

❝ 이제 숫자, 날짜, 전화번호까지 자유롭게 말할 수 있습니다!
다음 학습에서는 기본적인 동사들을 배워보겠습니다. 加油! ❞

DAY 6

기본 동사 및 필수 동작 표현

오늘의 목표

- 자주 쓰는 중국어 동사를 배우고 활용하는 방법을 익힌다.
- 일상생활에서 자주 하는 동작을 중국어로 말하는 법을 배운다.
- 짧은 문장을 만들어 실제 상황에서 써보는 연습을 한다.

중국어에서 동사는 문장의 핵심 역할을 합니다. 가장 많이 쓰이는 동사들을 익히고 활용해 봅시다.

기본적인 동작 동사

먹다	마시다	가다	오다	보다
吃 chī	喝 hē	去 qù	来 lái	看 kàn
듣다	말하다	쓰다	배우다	일하다
听 tīng	说 shuō	写 xiě	学 xué	工作 gōngzuò

어휘 TIP

- 去와 来는 이동 방향을 나타낼 때 자주 사용됩니다.
- 吃와 喝는 식사 관련 대화에서 많이 쓰입니다.

기본 문장 만들기

평서문 만들기

나는 밥을 먹어요.	➡	我吃饭。 Wǒ chī fàn.
나는 커피를 마셔요.	➡	我喝咖啡。 Wǒ hē kāfēi.
나는 책을 읽어요.	➡	我看书。 Wǒ kàn shū.

의문문 만들기

너는 무엇을 먹니?	➡	你吃什么? Nǐ chī shénme?
너는 어디에 가니?	➡	你去哪儿? Nǐ qù nǎr?

 연습 TiP

- 다양한 동사와 목적어를 활용해 일상생활에서 자주 하는 행동을 문장으로 만들어 보세요.

실전 회화 연습

기본 동사를 활용한 대화

🧑‍🦰 : **你去哪儿?**
　　　Nǐ qù nǎr?

🧑 : **我去学校。**
　　　Wǒ qù xuéxiào.

　　🧑‍🦰 : 어디 가?
　　🧑 : 학교에 가.

🧑‍🦰 : **你喝什么?**
　　　Nǐ hē shénme?

🧑 : **我喝茶。**
　　　Wǒ hē chá.

　　🧑‍🦰 : 뭐 마셔?
　　🧑 : 차 마셔.

연습문제

A 다음 문장을 중국어로 번역해 보세요.

1. 나는 커피를 마십니다.

2. 그는 책을 읽습니다.

3. 너는 어디에 가니?

4. 우리는 함께 공부해요.

B 직접 문장을 만들어 보세요.

1. 자신이 자주 하는 활동을 중국어로 표현해보세요.

2. 상대방에게 질문을 하는 문장을 만들어보세요.

A 1. 我喝咖啡。 2. 他看书。 3. 你去哪儿？ 4. 我们一起学习。

오늘의 복습
- 자주 쓰는 동사를 배웠다.
- 동사를 넣어 짧은 문장을 만들어 보았다.
- 실제 대화처럼 말하기 연습을 해보았다.
- 연습 문제를 풀며 배운 내용을 다시 확인해 보았다.

" 이제 기본적인 동사를 활용하여 다양한 문장을 만들 수 있습니다! 다음 학습에서는 보다 복잡한 문장을 만들어보겠습니다. 加油! "

DAY 7 1주차 복습 및 실전 연습

오늘의 목표
- 1주차 배운 내용을 복습하고 정리한다.
- 핵심 표현을 활용해 실전 대화 연습을 해본다.
- 배운 단어와 표현으로 직접 문장을 만들어 말해본다.
- 실제 상황에서 자연스럽게 말할 수 있도록 심화 연습을 한다.

핵심 표현 총정리

기본 인사 및 자기소개

안녕하세요.	你好。 Nǐ hǎo.
제 이름은 김대한입니다.	我叫金大韩。 Wǒ jiào Jīn Dàhán.
저는 한국에서 왔어요.	我来自韩国。 Wǒ láizì Hánguó.
저는 학생입니다.	我是学生。 Wǒ shì xuéshēng.
저는 중국어를 공부합니다.	我学习汉语。 Wǒ xuéxí Hànyǔ.
만나서 반갑습니다.	很高兴认识你。 Hěn gāoxìng rènshi nǐ.

숫자 및 날짜 표현

오늘은 몇 월 며칠인가요?	今天几月几号？ Jīntiān jǐ yuè jǐ hào?
지금 몇 시예요?	现在几点？ / 几点了？ Xiànzài jǐ diǎn? / Jǐ diǎn le?
오늘은 5월 20일입니다.	今天五月二十号。 Jīntiān wǔ yuè èr shí hào.
내일은 화요일입니다.	明天星期二。 Míngtiān xīngqī èr.

🧑‍🏫 기본 동작 표현

한국어	중국어	병음
먹다	吃	chī
마시다	喝	hē
가다	去	qù
오다	来	lái
보다	看	kàn
듣다	听	tīng
말하다	说	shuō
쓰다	写	xiě
배우다	学	xué
일하다	工作	gōngzuò

1주차
- Day 1
- Day 2
- Day 3
- Day 4
- Day 5
- Day 6
- **Day 7**

실전 회화 연습

🏷 자기소개

👩 : 你好！你叫什么名字？
　　Nǐ hǎo! Nǐ jiào shénme míngzi?

👨 : 我叫李明珍。你呢？
　　Wǒ jiào Lǐ Míngzhēn. Nǐ ne?

👩 : 我叫韩秀珍，很高兴认识你！
　　Wǒ jiào Hán Xiùzhēn, hěn gāoxìng rènshi nǐ!

　　👩 : 안녕하세요! 이름이 뭐예요?
　　👨 : 저는 이명진이에요. 당신은요?
　　👩 : 저는 한수진이에요. 만나서 정말 반가워요!

🏷 숫자와 날짜

👩 : 今天星期几？
　　Jīntiān xīngqī jǐ?

👨 : 今天星期天。
　　Jīntiān xīngqī tiān.

　　👩 : 오늘 무슨 요일이야?
　　👨 : 오늘은 일요일이야.

동작 표현

🧑‍🦰 : 你喜欢吃什么?
Nǐ xǐhuan chī shénme?

🧑 : 我喜欢吃米饭，也喜欢吃面条和饺子。
Wǒ xǐhuan chī mǐfàn, yě xǐhuan chī miàntiáo hé jiǎozi.

🧑‍🦰 : 너 뭐 먹는 거 좋아해?
🧑 : 난 밥 좋아해. 국수랑 만두도 좋아해.

대화 확장

🧑‍🦰 : 你几点去公司?
Nǐ jǐ diǎn qù gōngsī?

🧑 : 我早上八点去公司。
Wǒ zǎoshang bā diǎn qù gōngsī.

🧑‍🦰 : 你今天晚上做什么? 我们一起去吃饭吧!
Nǐ jīntiān wǎnshang zuò shénme? Wǒmen yìqǐ qù chīfàn ba!

🧑 : 我晚上看电影，然后去健身房。
Wǒ wǎnshang kàn diànyǐng, ránhòu qù jiànshēnfáng.

🧑‍🦰 : 너 몇 시에 회사 가?
🧑 : 아침 8시에 회사 가.
🧑‍🦰 : 오늘 저녁엔 뭐 할 거야? 우리 같이 밥 먹으러 가자!
🧑 : 나 저녁에 영화 보고, 그다음에 헬스장 갈 거야.

연습문제

A 다음 문장을 중국어로 번역해 보세요.

1. 저는 회사원입니다.
___

2. 내일은 몇 월 며칠인가요?
___

3. 너는 어디에 가니?
___

4. 나는 커피를 마십니다.
___

5. 우리 오늘 저녁에 같이 영화 보러 가자!
___

B 직접 문장을 만들어 보세요.

1. 자신의 하루 일정을 중국어로 표현해보세요.

_____

_____

2. 상대방과 약속을 정하는 대화를 만들어 보세요.

_____

_____

3. 자신이 좋아하는 활동을 중국어로 표현해보세요.

_____

_____

1주차
Day 1
Day 2
Day 3
Day 4
Day 5
Day 6
Day 7

A 1. 我是上班族。 2. 明天是几月几号？ 3. 你去哪儿？ 4. 我喝咖啡。 5. 我们今天晚上一起去看电影吧！

오늘의 복습

☐ 핵심 표현으로 문장을 직접 만들고 말하는 연습을 해보았다.
☐ 다양한 표현을 활용하여 대화를 이어갈 수 있다.
☐ 연습 문제를 풀며 배운 내용을 다시 확인해 보았다.

❝ 이제 1주차 학습이 끝났습니다!
다음 학습에서는 더 다양한 표현과 문장을 배워볼 예정입니다. 加油! ❞

2 주차

욜공! 30일 기초 중국어 회화

기본 문법과 실용 표현

Day 8   중국어 문장 구조

Day 9   의문문 만들기

Day 10   부정문 만들기

Day 11   가족 및 친구 소개

Day 12   시간 표현

Day 13   쇼핑 및 가격 묻기

Day 14   2주차 복습 및 실전 연습

중국어 문장 구조

오늘의 목표

- 중국어의 기본 문장 구조를 이해한다.
- 〈주어 + 동사 + 목적어〉 어순을 익힌다.
- 짧은 문장을 직접 만들어 보고 말하기 연습을 한다.

중국어는 기본적으로 〈주어+동사+목적어〉 어순을 따릅니다. 이는 영어와 비슷하지만, 한국어 〈주어+목적어+동사〉와는 다릅니다.

중국어 문장의 기본 구조

나는 밥을 먹어요.　　　　　我吃饭。
　　　　　　　　　　　　　Wǒ chī fàn.

그는 책을 읽어요.　　　　　他看书。
　　　　　　　　　　　　　Tā kàn shū.

우리는 중국어를 배워요.　　我们学中文。
　　　　　　　　　　　　　Wǒmen xué Zhōngwén.

너는 커피를 마셔요.　　　　你喝咖啡。
　　　　　　　　　　　　　Nǐ hē kāfēi.

문장 구조 TiP

- 중국어 문장에서 동사는 항상 주어 다음에 위치합니다.
- 목적어가 명사라면 동사 뒤에 바로 옵니다.
- 동사를 수식하는 부사는 동사 앞에 위치합니다.
  예) 我很喜欢中文。 Wǒ hěn xǐhuan Zhōngwén. 저는 중국어를 아주 좋아해요.

동사 활용 기본 문장

다양한 동사를 활용하여 기본적인 문장을 만들어 봅시다.

먹다	吃 chī	我吃面包。 Wǒ chī miànbāo.	나는 빵을 먹어요.
마시다	喝 hē	他喝水。 Tā hē shuǐ.	그는 물을 마셔요.
보다	看 kàn	她看电影。 Tā kàn diànyǐng.	그녀는 영화를 봐요.
배우다	学 xué	我们学汉语。 Wǒmen xué Hànyǔ.	우리는 중국어를 배워요.

 연습 TiP
- 주어와 동사를 바꿔가면서 다양한 문장을 만들어 보세요.
- 목적어를 추가하여 더 구체적인 표현을 연습해 보세요.

실전 회화 연습

일상에서 쓰이는 기본 문장

A : **你吃饭了吗?**
Nǐ chī fàn le ma?

B : **我吃了。**
Wǒ chī le.

A : 너 밥 먹었어?
B : 응, 먹었어.

A : **你学什么?**
Nǐ xué shénme?

B : **我学汉语。**
Wǒ xué Hànyǔ.

A : 너는 무엇을 배우니?
B : 나는 중국어를 배워.

연습문제

A 다음 문장을 중국어로 번역해 보세요.

1. 나는 사과를 먹어요.

2. 너는 영화를 봐요.

3. 우리는 중국어를 배워요.

4. 그는 차를 마셔요.

B 직접 문장을 만들어 보세요.

1. 자신이 자주 하는 활동을 중국어로 표현해보세요.

2. 상대방에게 질문하는 문장을 만들어보세요.

A 1. 我吃苹果。 2. 你看电影。 3. 我们学汉语。 4. 他喝茶。

오늘의 복습

- [ ] 중국어 평서문의 문장 구조를 익혔다.
- [ ] 주어진 동사를 활용하여 문장을 직접 만들어 보았다.
- [ ] 실제 대화처럼 말하기 연습을 해보았다.
- [ ] 연습 문제를 풀며 배운 내용을 다시 확인해 보았다.

" 이제 중국어 기본 문장 구조를 익혔습니다!
다음 학습에서는 의문문 만들기를 배워보겠습니다. 加油! "

DAY 9

의문문 만들기

오늘의 목표

- 중국어에서 의문문을 만드는 방법을 배운다.
- 다양한 의문사(누구, 무엇, 어디, 언제 등)를 익힌다.
- 의문사를 이용하여 다양한 의문문을 만들어 본다.

중국어에서 의문문을 만드는 방법은 크게 두 가지가 있습니다.

 吗(ma)를 이용한 의문문

- 중국어에서 吗(ma)는 평서문을 의문문으로 바꿔주는 역할을 합니다.
- 문장 끝에 吗를 붙이면 됩니다.

평서문	의문문
你是学生。 Nǐ shì xuésheng. 너는 학생이다.	你是学生吗? Nǐ shì xuésheng ma? 너는 학생이니?
他喝茶。 Tā hē chá. 그는 차를 마신다.	他喝茶吗? Tā hē chá ma? 그는 차를 마시니?

💡 **사용 TiP**

- 吗는 단순히 질문할 때만 사용됩니다. 의문사(누구, 어디 등)가 있는 경우에는 사용하지 않습니다.

🗣️ 의문사를 이용한 의문문

谁(shéi, 누구), 什么(shénme, 무엇), 哪(nǎ, 어느), 哪里(nǎlǐ, 어디), 什么时候 (shénme shíhòu, 언제) 등 다양한 의문사를 사용합니다.

누구입니까?	你是谁? Nǐ shì shéi?
이것은 무엇입니까?	这是什么? Zhè shì shénme?
	这是什么东西? Zhè shì shénme dōngxi?
당신은 어디에 있습니까?	你在哪里? Nǐ zài nǎlǐ?
	你在哪儿? Nǐ zài nǎr?
언제 갑니까?	你什么时候去? Nǐ shénme shíhou qù?
	你几点去? Nǐ jǐ diǎn qù?
어느 나라 사람입니까?	你是哪国人? Nǐ shì nǎ guó rén?

💡 사용 TIP

- 의문사가 포함된 문장은 吗를 사용하지 않습니다.
- 문장 순서는 일반 평서문과 같으며, 필요한 의문사만 적절한 위치에 배치하면 됩니다.

실전 **회화 연습**

吗를 이용한 대화

🙍‍♀️ : 你喜欢中国菜吗?
　　　Nǐ xǐhuan Zhōngguó cài ma?

🙍‍♂️ : 喜欢，我很喜欢！
　　　Xǐhuan, wǒ hěn xǐhuān!

　　🙍‍♀️ : 너는 중국 음식을 좋아하니?
　　🙍‍♂️ : 응, 정말 좋아해!

의문사를 이용한 대화

🙍‍♀️ : 你住在哪里?
　　　Nǐ zhù zài nǎlǐ?

🙍‍♂️ : 我住在首尔。
　　　Wǒ zhù zài Shǒuěr.

　　🙍‍♀️ : 너는 어디에 살아?
　　🙍‍♂️ : 나는 서울에 살아.

연습문제

A 다음 문장을 중국어로 번역해 보세요.

1. 너는 학생이니?
___

2. 그는 어디에 있나요?
___

3. 이것은 무엇인가요?
___

4. 너는 커피를 마시니?
___

B 직접 문장을 만들어 보세요.

1. 吗를 사용한 의문문을 2개 만들어 보세요.
___

2. 의문사를 포함한 질문 문장을 2개 만들어 보세요.
___

A 1. 你是学生吗? 2. 他在哪儿? 3. 这是什么? 4. 你喝咖啡吗?

오늘의 복습
- 吗를 사용한 의문문을 만들 수 있다.
- 다양한 의문사를 사용하여 질문할 수 있다.
- 실제 대화처럼 말하기 연습을 해보았다.
- 연습 문제를 풀며 배운 내용을 다시 확인해 보았다.

" 이제 중국어로 질문하는 방법을 익혔습니다! 다음 학습에서는 부정문 만들기를 배워보겠습니다. 加油! "

부정문 만들기

오늘의 목표

- 중국어에서 부정을 표현하는 방법을 배운다.
- 不(bù)와 没(méi)의 차이를 이해하고 올바르게 사용한다.
- 다양한 부정문을 말할 수 있다.

중국어에서 부정을 표현하는 가장 일반적인 방법은 不(bù)와 没(méi)를 사용하는 것입니다.

不(bù)를 이용한 부정문

- 不는 일반적인 동사나 형용사를 부정할 때 사용됩니다.
- 현재 또는 미래에 해당하는 동작이나 상태를 부정할 때 주로 사용됩니다.

평서문	부정문
我喜欢咖啡。 Wǒ xǐhuan kāfēi. 나는 커피를 좋아해요.	我不喜欢咖啡。 Wǒ bù xǐhuan kāfēi. 나는 커피를 좋아하지 않아요.
他是学生。 Tā shì xuésheng. 그는 학생입니다.	他不是学生。 Tā bú shì xuésheng. 그는 학생이 아닙니다.
你喝茶吗? Nǐ hē chá ma? 너는 차를 마시니?	我不喝茶。 Wǒ bù hē chá. 나는 차를 마시지 않아요.

사용 TiP

- 不는 주로 현재와 미래의 상태나 습관적인 동작을 부정할 때 사용됩니다.
- 是 앞에 올 때는 不의 성조가 2성으로 변합니다.
  - 예) 不是 → bú shì

没(méi)를 이용한 부정문

- 没는 과거의 행동이나 경험을 부정할 때 사용됩니다.
- 주로 有와 함께 쓰여서 没有 "없다"라는 의미를 나타냅니다.

평서문	부정문
我吃饭了。 Wǒ chī fàn le. 나는 밥을 먹었어요.	我没吃饭。 Wǒ méi chī fàn. 나는 밥을 먹지 않았어요.
他去过中国。 Tā qù guo Zhōngguó. 그는 중국에 가본 적이 있어요.	他没去过中国。 Tā méi qù guo Zhōngguó. 他从来没去过中国。 Tā cónglái méi qù guo Zhōngguó. 그는 중국에 가본 적이 없어요.

사용 TiP

- 不는 有(yǒu)와 함께 사용할 수 없고, 대신 没를 사용해야 합니다.
  - 예) 我没有钱。(O)   我不有钱。(X)

실전 회화 연습

不를 이용한 대화

👩 : 你喜欢喝咖啡吗?
　　Nǐ xǐhuan hē kāfēi ma?

👨 : 我不喜欢喝咖啡。
　　Wǒ bù xǐhuan hē kāfēi.

　　👩 : 너는 커피 마시는 걸 좋아하니?
　　👨 : 나는 커피를 좋아하지 않아.

没를 이용한 대화

👩 : 你吃晚饭了吗?
　　Nǐ chī wǎnfàn le ma?

👨 : 我还没吃。你呢?
　　Wǒ hái méi chī. Nǐ ne?

　　👩 : 너 저녁 먹었어?
　　👨 : 아직 안 먹었어. 너는?

연습문제

A 다음 문장을 중국어로 번역해 보세요.

1. 나는 중국어를 배우지 않아요.

2. 그는 밥을 먹지 않았어요.

3. 나는 학생이 아닙니다.

4. 나는 돈이 없어요.

B 직접 문장을 만들어 보세요.

1. 不를 사용한 문장을 2개 만들어 보세요.

2. 没를 사용한 문장을 2개 만들어 보세요.

A 1. 我不学汉语。 2. 他没吃饭。 3. 我不是学生。 4. 我没有钱。

오늘의 복습

- [ ] 현재와 미래를 부정할 때 不를 사용한다는 것을 배웠다.
- [ ] 과거의 동작을 부정할 때 没를 사용한다는 것을 배웠다.
- [ ] 실제 대화처럼 말하기 연습을 해보았다.
- [ ] 연습 문제를 풀며 배운 내용을 다시 확인해 보았다.

❝ 이제 중국어로 부정문을 자연스럽게 만들 수 있습니다!
다음 학습에서는 가족 및 친구 소개하기를 배워보겠습니다. 加油! ❞

DAY 11

가족 및 친구 소개

오늘의 목표

- 가족 구성원을 소개하는 표현을 배운다.
- 가족이나 친구를 소개하는 방법을 익힌다.

가족 구성원 명칭

중국어에서는 가족 구성원의 명칭이 세분화되어 있습니다.

아버지	爸爸 bàba
어머니	妈妈 māma
할아버지(친가)	爷爷 yéye
할머니(친가)	奶奶 nǎinai
할아버지(외가)	外公 wàigōng
할머니(외가)	外婆 wàipó
형/오빠	哥哥 gēge
누나/언니	姐姐 jiějie
남동생	弟弟 dìdi
여동생	妹妹 mèimei

> 💡 **사용 TiP**
> - 중국어에서는 친가와 외가의 조부모 명칭이 다르므로 구별하여 사용해야 합니다.

👤 친구를 소개하는 표현

친구를 소개할 때는 기본적으로 这是(zhè shì) ~ "이 사람은 ~입니다"를 사용합니다.

이 사람은 제 친구입니다.	这是我的朋友。 Zhè shì wǒ de péngyou.
이 사람은 제 동생입니다.	这是我的弟弟。 Zhè shì wǒ de dìdi.
그는 내 가장 친한 친구야.	他是我最好的朋友。 Tā shì wǒ zuì hǎo de péngyou.
우리는 가장 친한 친구야.	我们是最好的朋友。 Wǒmen shì zuì hǎo de péngyou.
그녀는 내 여자친구야.	她是我的女朋友。 Tā shì wǒ de nǚ péngyou.
그는 내 남자친구야.	他是我的男朋友。 Tā shì wǒ de nán péngyou.

> 💡 **사용 TiP**
> - 친구를 소개할 때는 朋友 라는 단어를 기본적으로 사용합니다.
> - 가장 친한 친구를 표현할 때는 最好的朋友 라고 합니다.

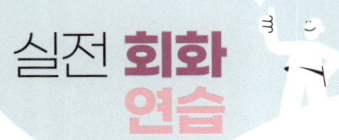
실전 회화 연습

🔖 **가족 소개하기**

👩 : **你家有几口人？**
　　 Nǐ jiā yǒu jǐ kǒu rén?

👦 : **我家有四口人，爸爸、妈妈、姐姐和我。**
　　 Wǒ jiā yǒu sì kǒu rén, bàba, māma, jiějie hé wǒ.

　　👩 : 네 가족은 몇 명이야?
　　👦 : 우리 가족은 네 명이야. 아빠, 엄마, 누나, 그리고 나.

> 💡 **사용 TiP**
> 口 는 가족 구성원의 수를 셀 때 흔히 사용되지만, 구어체에서는 个 를 쓰기도 합니다.
> 예) 我家有四个人，爸爸、妈妈、姐姐和我。Wǒ jiā yǒu sì ge rén, bàba, māma, jiějie hé wǒ.

🔖 **친구 소개하기**

👩 : **这是谁？ 请介绍一下这位。**
　　 Zhè shì shéi? Qǐng jièshào yíxià zhè wèi.

👦 : **这是我的朋友，小明。**
　　 Zhè shì wǒ de péngyou, Xiǎomíng.

　　👩 : 이 사람은 누구야? 이 분 좀 소개해줘.
　　👦 : 이 사람은 내 친구 샤오밍이야.

연습문제

A 다음 문장을 중국어로 번역해 보세요.

1. 우리 가족은 다섯 명입니다.

2. 이 사람은 내 남동생입니다.

3. 그녀는 내 가장 친한 친구입니다.

4. 네 가족은 몇 명이야?

B 직접 문장을 만들어 보세요.

1. 자신의 가족을 소개하는 문장을 2개 만들어 보세요.

2. 친구를 소개하는 문장을 2개 만들어 보세요.

A 1. 我家有五口人。 2. 这是我的弟弟。 3. 她是我最好的朋友。 4. 你家有几口人?

오늘의 복습
- 가족 구성원의 명칭을 익혔다.
- 나의 가족이나 친구를 소개할 수 있다.
- 실제 대화처럼 말하기 연습을 해보았다.
- 연습 문제를 풀며 배운 내용을 다시 확인해 보았다.

" 이제 중국어로 가족과 친구를 소개할 수 있습니다!
다음 학습에서는 시간 표현을 배워보겠습니다. 加油! "

DAY 12

시간 표현

오늘의 목표

- 중국어에서 시간을 표현하는 방법을 배운다.
- 하루의 시간대(오전, 오후, 저녁 등)를 익힌다.
- 시간을 묻고 답하는 실전 회화를 연습한다.

중국어에서 시간을 표현할 때 시(点, diǎn), 분(分, fēn), 초(秒, miǎo) 를 사용합니다.

기본 시간 표현

1시	一点 yì diǎn	4시 15분	四点十五分 sì diǎn shí wǔ fēn
2시	两点 liǎng diǎn	6시 45분	六点四十五分 liù diǎn sì shí wǔ fēn
3시 30분	三点半 sān diǎn bàn	12시 정각	十二点整 shí èr diǎn zhěng

발음 TIP

- 숫자 一 는 뒤에 오는 단어가 몇 성인지에 따라 성조가 변화합니다.
   yī + 1성/2성/3성 → 4성 yì, yī + 4성/경성 → 2성 yí
- "2시"를 말할 때 二点(èr diǎn)이 아니라, 两点(liǎng diǎn)을 사용합니다.
- "30분"은 半(bàn), "15분"은 一刻(yí kè), "45분"은 三刻(sān kè) 라고도 표현할 수 있습니다

시간대 표현

오전	上午 shàngwǔ	아침	早上 zǎoshang
오후	下午 xiàwǔ	저녁	晚上 wǎnshang
		밤	夜里 yèli

어휘 TiP

- 晚上 은 "저녁"을 의미하며, 대략 18:00~23:00 사이를 말합니다.
  - 예) 晚上七点 저녁 7시
- 夜里 는 "늦은 밤"을 의미하며, 대략 23:00~새벽 4:00 사이를 말합니다.
  - 예) 夜里十二点 밤 12시

시간을 묻고 답하기

일정을 말할 때는 몇 시에(几点, jǐ diǎn) 이라는 표현을 사용합니다.

(1) 시간 묻고 답하기

A : 现在几点? Xiànzài jǐ diǎn?

B : 现在下午三点。 Xiànzài xiàwǔ sān diǎn.

A : 会议几点开始? Huìyì jǐ diǎn kāishǐ?
　　会议什么时候开始? Huìyì shénme shíhou kāishǐ?

B : 会议十点开始。 Huìyì shí diǎn kāishǐ.

A : 지금 몇 시예요?

B : 지금 오후 3시입니다.

A : 회의는 몇 시에 시작하나요?
　　회의는 언제 시작하나요?

B : 회의는 10시에 시작해요.

(2) 약속 잡기

A : 你明天几点有空? Nǐ míngtiān jǐ diǎn yǒu kòng?

B : 我早上十点有空。 Wǒ zǎoshang shí diǎn yǒu kòng.

A : 내일 몇 시에 시간이 있어요?

B : 아침 10시에 시간이 있어요.

실전 회화 연습

시간 관련 대화

🧑‍🦰 : 现在几点？
　　　Xiànzài jǐ diǎn?

🧑 : 现在上午十点半。
　　　Xiànzài shàngwǔ shí diǎn bàn.

🧑‍🦰 : 你什么时候有时间？
　　　Nǐ shénme shíhou yǒu shíjiān?

🧑 : 我下午三点有时间。
　　　Wǒ xiàwǔ sān diǎn yǒu shíjiān.

　　🧑‍🦰 : 지금 몇 시야?
　　🧑 : 지금 오전 10시 반이야.
　　🧑‍🦰 : 너 언제 시간 있어?
　　🧑 : 나 오후 3시에 시간 있어.

 연습 TiP
- 다양한 시간대를 연습하며 자연스럽게 말해 보세요.
- 직접 일정을 정하는 연습을 해보세요.

연습문제

A 다음 문장을 중국어로 번역해 보세요.

1. 지금 몇 시예요?

2. 저는 오후 5시에 약속이 있어요.

3. 저는 내일 오전 9시에 회의가 있습니다.

4. 나는 밤 11시에 잔다.

B 직접 문장을 만들어 보세요.

1. 자신의 하루 일정을 중국어로 표현해보세요.

2. 상대방과 약속을 정하는 대화를 만들어보세요.

A 1. 现在几点？ 2. 我下午五点有约会。 3. 我明天上午九点有会议。 4. 我晚上(夜里)十一点睡觉。

오늘의 복습
- [ ] 시간을 정확하게 표현할 수 있다.
- [ ] 하루의 시간대를 중국어로 말할 수 있다.
- [ ] 약속 시간을 묻고 답할 수 있다.

❝ 이제 시간과 일정을 표현할 수 있습니다!
다음 학습에서는 쇼핑 및 가격 묻기를 배워보겠습니다. 加油! ❞

DAY 13

쇼핑 및 가격 묻기

오늘의 목표

- 중국어로 쇼핑할 때 사용하는 표현을 배운다.
- 가격을 묻고 흥정하는 방법을 익힌다.
- 실제 쇼핑 상황에서 대화할 수 있다.

물건을 살 때

이것을 사고 싶어요.	我要买这个。 Wǒ yào mǎi zhège.
이거 얼마예요?	这个多少钱? Zhège duōshao qián?
다른 것은 있어요?	有没有别的? Yǒu méiyǒu bié de?
다른 색깔 있어요?	有别的颜色吗? Yǒu bié de yánsè ma?

어휘 TiP

- 多少钱은 가격을 물을 때 가장 많이 쓰이는 표현입니다.

결제 및 흥정하기

좀 더 깎아주세요.
便宜一点。
Piányi yìdiǎn.

좀 더 깎아주실 수 있나요?
可以便宜一点吗?
Kěyǐ piányi yìdiǎn ma?

너무 비싸요!
太贵了!
Tài guì le!

이거 할인 하나요?
这个打折吗?
Zhège dǎzhé ma?

현금으로 결제할게요.
我用现金支付。
Wǒ yòng xiànjīn zhīfù.

我用现金。
Wǒ yòng xiànjīn.

신용카드 사용 가능해요?
可以刷卡吗?
Kěyǐ shuākǎ ma?

 흥정 **TiP**

- 중국에서는 흥정이 가능한 시장이나 가게가 많습니다. 너무 비싸다고 느껴지면 太贵了!라고 말하고 가격을 조정해 보세요. 또는 便宜一点。을 활용하여 가격을 깎아달라고 요청할 수 있습니다.

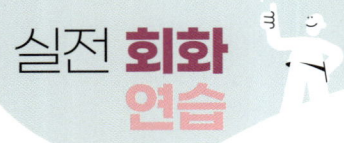

실전 회화 연습

가격 묻기

🙋: 请问，这个多少钱?
Qǐngwèn, zhège duōshao qián?

🙎: 这个五十块。
Zhège wǔshí kuài.

🙋: 실례지만, 이거 얼마예요?
🙎: 이건 50위안입니다.

흥정하기

🙋: 这个打折吗? 价格可以再便宜一点吗?
Zhège dǎzhé ma? Jiàgé kěyǐ zài piányi yìdiǎn ma?

🙎: 好吧，四十五块。
Hǎo ba, sìshíwǔ kuài.

🙋: 이거 할인 하나요? 가격을 좀 더 깎아줄 수 있나요?
🙎: 좋아요, 45위안에 드릴게요.

결제 방법 묻기

🙋: 可以用支付宝还是微信支付?
Kěyǐ yòng Zhīfùbǎo háishi Wēixìn zhīfù?

🙎: 不好意思，我们现在只能用信用卡付钱。
Bù hǎoyìsi, wǒmen xiànzài zhǐ néng yòng xìnyòngkǎ fùqián.

🙋: 알리페이 아니면 위챗페이로 결제할 수 있나요?
🙎: 죄송하지만, 지금은 신용카드로만 결제할 수 있어요.

연습문제

A 다음 문장을 중국어로 번역해 보세요.

1. 이거 얼마예요?

2. 좀 더 깎아줄 수 있나요?

3. 현금으로 결제할게요.

4. 다른 색깔 있어요?

B 직접 문장을 만들어 보세요.

1. 가격을 묻는 문장을 2개 만들어 보세요.

2. 흥정하는 문장을 2개 만들어 보세요.

A 1. 这个多少钱? 2. 可以便宜一点吗? 3. 我用现金支付。/ 我用现金。 4. 有别的颜色吗?

오늘의 복습

- 쇼핑할 때 필요한 표현을 익혔다.
- 가격을 묻고 흥정하는 방법을 배웠다.
- 실제 대화처럼 말하기 연습을 해보았다.
- 연습 문제를 풀며 배운 내용을 다시 확인해 보았다.

❝ 이제 중국어로 쇼핑을 할 수 있습니다!
다음 학습에서는 배운 표현과 문장을 복습해 보겠습니다. 加油! ❞

DAY 14

2주차 복습 및 실전 연습

오늘의 목표
- 2주차 동안 배운 내용을 복습한다.
- 핵심 표현을 활용하여 실전 회화를 연습한다.

핵심 표현 총정리

🗣 문장 구조

나는 밥을 먹어요.	我吃饭。 Wǒ chī fàn.
너는 학생입니까?	你是学生吗? Nǐ shì xuéshēng ma?
그는 커피를 마시지 않아요.	他不喝咖啡。 Tā bù hē kāfēi.
우리는 중국어를 배워요.	我们学中文。 Wǒmen xué Zhōngwén.

🗣 의문문

이것은 무엇인가요?	这是什么? Zhè shì shénme?
당신은 어디에 가나요?	你去哪儿? Nǐ qù nǎr?
이건 얼마예요?	这个多少钱? Zhège duōshao qián?
	这个怎么卖? Zhège zěnme mài?
내일 몇 시에 만날까요?	明天几点见面? Míngtiān jǐ diǎn jiànmiàn?

시간 표현

지금 몇 시예요?	现在几点? Xiànzài jǐ diǎn?
나는 오전 9시에 학교에 가요.	我早上九点去学校。 Wǒ zǎoshang jiǔ diǎn qù xuéxiào.
회의는 오후 3시에 시작해요.	会议下午三点开始。 Huìyì xiàwǔ sān diǎn kāishǐ.

쇼핑 및 가격 묻기

이거 얼마예요?	这个多少钱? Zhège duōshao qián?
좀 더 싸게 해주세요.	便宜一点。 Piányi yìdiǎn.
신용카드 사용 가능해요?	可以刷卡吗? Kěyǐ shuākǎ ma?
다른 색깔 있어요?	有别的颜色吗? Yǒu bié de yánsè ma?

실전 회화 연습

자기소개

🙋‍♀️ : **你好！你叫什么名字？**
Nǐ hǎo! Nǐ jiào shénme míngzi?

🙋‍♂️ : **我叫李明。你呢？**
Wǒ jiào Lǐ Míng. Nǐ ne?

🙋‍♀️ : 안녕하세요! 당신의 이름은 무엇인가요?
🙋‍♂️ : 제 이름은 리밍이에요. 당신은요?

시간 약속

🙋‍♀️ : **我们几点见？**
Wǒmen jǐ diǎn jiàn?

🙋‍♂️ : **我们下午两点见吧！**
Wǒmen xiàwǔ liǎng diǎn jiàn ba!

🙋‍♀️ : 우리는 몇 시에 만날까?
🙋‍♂️ : 오후 2시에 만나자!

쇼핑

🙍‍♀️ : 这个多少钱？
Zhège duōshao qián?

🙍‍♂️ : 这个五十块。
Zhège wǔshí kuài.

🙍‍♀️ : 太贵了！可以便宜一点吗？
Tài guì le! Kěyǐ piányi yìdiǎn ma?

🙍‍♂️ : 好吧，四十五块。
Hǎo ba, sìshíwǔ kuài.

🙍‍♀️ : 이거 얼마예요?
🙍‍♂️ : 이건 50위안이에요.
🙍‍♀️ : 너무 비싸요! 좀 더 싸게 해줄 수 있어요?
🙍‍♂️ : 좋아요, 45위안에 드릴게요.

A 다음 문장을 중국어로 번역해 보세요.

1. 너는 어디에 가니?

   _____

2. 지금 몇 시예요?

   _____

3. 내일 몇 시에 만날까요?

   _____

4. 나는 학생이 아닙니다.

   _____

B 직접 문장을 만들어 보세요.

1. 자신을 소개하는 문장을 2개 만들어 보세요.

2. 시간과 약속 관련 문장을 2개 만들어 보세요.

3. 쇼핑 상황에서 사용할 수 있는 문장을 2개 만들어 보세요.

A 1. 你去哪儿? 2. 现在几点? 3. 明天几点见面? 4. 我不是学生。

오늘의 복습
- 핵심 표현으로 문장을 직접 만들고 말하는 연습을 해보았다.
- 다양한 표현을 활용하여 대화를 이어갈 수 있다.
- 연습 문제를 풀며 배운 내용을 다시 확인해 보았다.

" 이제 2주차 학습이 끝났습니다!
다음 학습에서는 음식 주문하기를 배워보겠습니다. 加油! "

3주차

옥공! 30일 기초 중국어 회화

실생활 회화
(여행&일상 표현)

Day 15	음식 주문하기
Day 16	대중교통 이용하기
Day 17	길 묻기 및 방향 표현
Day 18	병원 및 긴급 상황 표현
Day 19	호텔 체크인 및 예약하기
Day 20	날씨와 계절 표현
Day 21	3주차 복습 및 실전 연습

음식 주문하기

오늘의 목표

- 중국어로 음식 주문하는 방법을 배운다.
- 식당에서 자주 쓰는 표현을 익힌다.

자리 안내 및 메뉴 요청

몇 명이세요?	请问几位? Qǐngwèn jǐ wèi?
두 명이에요.	两位。/ 两个人。 Liǎng wèi. / Liǎng ge rén.
메뉴판을 주세요.	请给我菜单。 Qǐng gěi wǒ càidān.
추천해주실 수 있나요?	可以推荐吗? Kěyǐ tuījiàn ma?
저는 채식주의자입니다.	我是素食者。 Wǒ shì sùshízhě.

어휘 TiP

- 位는 사람을 정중하게 부를 때 사용하는 양사입니다.
- 菜单은 "메뉴판"을 뜻합니다.

🍴 음식 주문하기

한국어	중국어	병음
이것을 주세요.	我要这个。	Wǒ yào zhège.
저는 볶음밥을 원해요.	我要炒饭。	Wǒ yào chǎofàn.
맵지 않게 해주세요.	请不要放辣。	Qǐng bú yào fàng là.
물 좀 주세요.	请给我水。	Qǐng gěi wǒ shuǐ.
추가 주문할게요.	我想再点一些。	Wǒ xiǎng zài diǎn yìxiē.

> **어휘 TiP**
> - 不要放辣 는 맵지 않게 해달라는 표현입니다.
> - 再点一些 는 추가 주문할 때 유용한 표현입니다.

💰 계산하기

한국어	중국어	병음
계산서 주세요.	请给我买单。	Qǐng gěi wǒ mǎidān.
	可以结账吗？	Kěyǐ jiézhàng ma?
얼마인가요?	多少钱？	Duōshao qián?
카드 결제 가능해요?	可以刷卡吗？	Kěyǐ shuākǎ ma?
맛있었어요!	很好吃！	Hěn hǎochī!
다시 올게요!	我会再来！	Wǒ huì zài lái!

> **어휘 TiP**
> - 买单 은 "계산서"를 뜻하는 단어입니다.
> - 중국에서는 QR코드를 통한 모바일 결제가 일반적이므로 다음 표현을 함께 익혀두면 좋습니다.
>   예) 可以用支付宝或者微信支付吗？ Kěyǐ yòng Zhīfùbǎo huòzhě Wēixìn zhīfù ma?
>   알리페이나 위챗페이로 결제할 수 있나요?

실전 회화 연습

음식 주문하기

🧑‍🦰 : **请问几位？** Qǐngwèn jǐ wèi?

👤 : **两位。** Liǎng wèi.

🧑‍🦰 : **这是菜单。** Zhè shì càidān.

👤 : **我要一个宫保鸡丁和一碗米饭。**
Wǒ yào yí ge Gōngbǎo Jīdīng hé yì wǎn mǐfàn.

🧑‍🦰 : 몇 분이세요?　　　👤 : 두 명이에요.
🧑‍🦰 : 여기 메뉴판입니다.　👤 : 꽁빠오지딩 하나와 밥 한 그릇 주세요.

> **어휘 TiP**
> - 宫保鸡丁 은 닭요리로, 닭고기를 땅콩과 매콤달콤한 간장 소스로 볶아낸 요리입니다.
> - 중국에서는 밥반찬이나 술안주로 많이 즐기는 음식입니다. 현지에서 꼭 시도해 보세요!

계산하기

🧑‍🦰 : **请给我买单。** Qǐng gěi wǒ mǎidān.

👤 : **一共八十块。** Yígòng bāshí kuài.

🧑‍🦰 : **我可以刷卡吗？** Wǒ kěyǐ shuākǎ ma?

👤 : **可以，我们也可以微信支付。**
Kěyǐ, wǒmen yě kěyǐ, jiēshòu Wēixìn zhīfù.

🧑‍🦰 : 계산서 주세요.　　　　👤 : 총 80위안입니다.
🧑‍🦰 : 카드 결제 가능해요?　　👤 : 가능합니다. 저희는 위챗페이도 받아요.

연습문제

A 다음 문장을 중국어로 번역해 보세요.

1. 메뉴판을 주세요.

2. 저는 채식주의자입니다.

3. 이거 맵나요?

4. 계산서 주세요.

B 직접 문장을 만들어 보세요.

1. 자신이 주문하고 싶은 음식을 중국어로 표현해 보세요.

2. 계산할 때 사용할 수 있는 문장을 2개 만들어 보세요.

A 1. 请给我菜单。 2. 我是素食者。 3. 这个辣吗？ 4. 请给我买单。

오늘의 복습

☐ 식당에서 자주 쓰는 표현을 배웠다.
☐ 음식 주문하고 계산하는 방법을 배웠다.
☐ 실제 대화처럼 말하기 연습을 해보았다.
☐ 연습 문제를 풀며 배운 내용을 다시 확인해 보았다.

❝ 이제 중국어로 자연스럽게 음식을 주문할 수 있습니다!
다음 학습에서는 대중교통 이용하기를 배워보겠습니다. 加油! ❞

DAY 16 대중교통 이용하기

오늘의 목표

- 중국어로 대중교통을 이용하는 방법을 배운다.
- 버스, 지하철, 택시에서 자주 쓰이는 표현을 익힌다.

🚌 버스 이용하기

버스 정류장은 어디예요?	公交车站在哪里? Gōngjiāo chēzhàn zài nǎlǐ?
몇 번 버스를 타야 하나요?	我要坐几路公交车? Wǒ yào zuò jǐ lù gōngjiāo chē?
이 버스는 서울역까지 가나요?	这辆车到首尔站吗? Zhè liàng chē dào Shǒu'ěrzhàn ma?
다음 정류장에서 내려야 하나요?	我应该在下一站下车吗? Wǒ yīnggāi zài xià yí zhàn xiàchē ma?
버스 요금은 얼마인가요?	车费多少钱? Chēfèi duōshao qián?

💡 버스 이용 TIP

- 公交车는 일반적인 버스를 의미하며, 巴士(bāshì)라는 표현도 사용됩니다.
- 중국에서는 대중교통을 이용할 때 교통카드(交通卡, jiāotōng kǎ)를 사용하거나 모바일 결제를 주로 합니다.

🧑 지하철 이용하기

지하철역은 어디예요?	地铁站在哪里? Dìtiě zhàn zài nǎlǐ?
서울역까지 어떻게 가나요?	去首尔站怎么走? Qù Shǒu'ěrzhàn zěnme zǒu?
몇 호선을 타야 하나요?	我应该坐几号线? Wǒ yīnggāi zuò jǐ hào xiàn?
표는 어디에서 사나요?	哪里可以买票? Nǎlǐ kěyǐ mǎi piào?
지하철 요금은 얼마인가요?	地铁票多少钱? Dìtiě piào duōshao qián?

💡 지하철 이용 TiP
- 중국의 지하철은 우리나라처럼 노선 번호(号线)로 구분됩니다.
- 换乘(huànchéng)은 환승을 의미하며, 환승역에서 볼 수 있습니다.

🧑 택시 이용하기

택시를 잡고 싶어요.	我想打车 / 叫车。 Wǒ xiǎng dǎ chē / jiào chē.
서울역까지 가주세요.	请带我去首尔站。/ 请送我到首尔站。 Qǐng dài wǒ qù Shǒu'ěrzhàn. / Qǐng sòng wǒ dào shǒu'ěrzhàn.
여기에서 내려주세요.	请在这里停车。 Qǐng zài zhèlǐ tíngchē.
요금은 얼마인가요?	车费多少钱? Chēfèi duōshao qián?
영수증 주세요.	请给我发票。 Qǐng gěi wǒ fāpiào.

💡 택시 이용 TiP
- 打车는 택시를 부르는 표현이며, 出租车(chūzū chē)는 택시 자체를 의미합니다.
- 중국에서는 滴滴出行(Dīdī Chūxíng)이라는 택시 호출 앱을 많이 사용합니다.

실전 회화 연습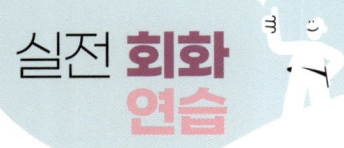

버스 이용하기

🧑‍🦰 : **请问，公交车站在哪里？**
Qǐngwèn, gōngjiāo chēzhàn zài nǎlǐ?

👨 : **在前面右拐就是。**
Zài qiánmiàn yòu guǎi jiù shì.

🧑‍🦰 : 실례하지만, 버스 정류장은 어디에 있나요?
👨 : 앞쪽에서 오른쪽으로 도시면 돼요.

지하철 이용하기

🧑‍🦰 : **去天安门怎么去？**
Qù Tiānānmén zěnme qù?

👨 : **坐地铁2号线，在天安门东站下车。**
Zuò dìtiě èr hào xiàn, zài Tiānānmén Dōng zhàn xiàchē.

🧑‍🦰 : 톈안먼에 어떻게 가나요?
👨 : 지하철 2호선을 타고 톈안먼 동역에서 내리세요.

택시 이용하기

🧑‍🦰 : **师傅，请带我去北京首都机场。**
Shīfu, qǐng dài wǒ qù Běijīng Shǒudū Jīchǎng.

👨 : **好的，上车吧。**
Hǎo de, shàng chē ba.

🧑‍🦰 : 기사님, 저를 베이징 수도공항까지 데려다 주세요.
👨 : 좋아요, 타세요.

💡 **어휘 TiP**
- 가고자 하는 목적지에 따라 다양한 대중교통을 이용하는 경우를 상상하며 연습해 보세요.
- 택시를 탈 때 목적지를 정확하게 말하는 연습을 해보세요.

연습문제

A 다음 문장을 중국어로 번역해 보세요.

1. 버스 정류장은 어디인가요?

2. 저는 지하철 3호선을 타야 해요.

3. (택시) 호텔에 가주세요.

4. 지하철 요금은 얼마인가요?

B 직접 문장을 만들어 보세요.

1. 자신이 자주 이용하는 대중교통에 대해 중국어로 설명해 보세요.

2. 목적지를 말하며 이동 방법을 설명하는 문장을 만들어 보세요.

Ⓐ 1. 公交车站在哪里? 2. 我要坐地铁三号线。 3. 请带我去酒店。 / 请送我到酒店。 4. 地铁票多少钱?

오늘의 복습

☐ 버스, 지하철, 택시와 관련한 표현을 익혔다.
☐ 대중교통을 이용할 때 자주 사용하는 문장을 배웠다.
☐ 실제 대화처럼 말하기 연습을 해보았다.
☐ 연습 문제를 풀며 배운 내용을 다시 확인해 보았다.

❝ 이제 중국어로 자유롭게 대중교통을 이용할 수 있습니다!
다음 학습에서는 길 묻기 및 방향 표현을 배워보겠습니다. 加油! ❞

DAY 17 길 묻기 및 방향 표현

오늘의 목표

- 중국어로 길을 묻고 안내하는 방법을 배운다.
- 방향을 나타내는 표현을 익힌다.

길 묻기

실례하지만, 길을 물어봐도 될까요?	**请问，可以问一下路吗?** Qǐngwèn, wǒ kěyǐ wèn yíxià lù ma?
서울역은 어디에 있나요?	**首尔站在哪里?** Shǒu'ěrzhàn zài nǎlǐ?
서울역까지 어떻게 가나요?	**去首尔站怎么走?** (보행 시) Qù Shǒu'ěrzhàn zěnme zǒu? **去首尔站怎么去?** (대중교통 이용 시) Qù Shǒu'ěrzhàn zěnme qù?
가장 가까운 지하철역은 어디인가요?	**最近的地铁站在哪里?** Zuìjìn de dìtiě zhàn zài nǎlǐ?
화장실은 어디에 있나요?	**洗手间在哪里?** Xǐshǒujiān zài nǎlǐ?

길 묻기 TIP

- 请问을 앞에 붙이면 더욱 정중한 표현이 됩니다.
- 怎么走는 "어떻게 가나요?"를 의미합니다.

🧭 방향

왼쪽	左边	Zuǒbian
오른쪽	右边	Yòubian
직진	直走	Zhí zǒu
뒤쪽	后面	Hòumian
앞쪽	前面	Qiánmian
건너편	对面	Duìmiàn
가깝다	近	Jìn
멀다	远	Yuǎn

💡 방향 표현 TiP

- 左转(zuǒ zhuǎn)은 "왼쪽으로 도세요", 右转(yòu zhuǎn)은 "오른쪽으로 도세요"를 의미합니다.
- 一直走(yìzhí zǒu)는 "계속 직진하세요"라는 뜻입니다.

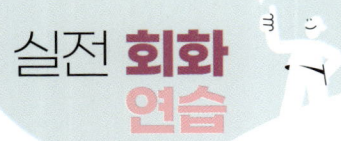

실전 회화 연습

길 묻고 답하기

🙍‍♀️ : 请问，去天安门怎么走?
Qǐngwèn, qù Tiān'ānmén zěnme zǒu?

🙍‍♂️ : 往前走100米，然后左转。
wǎng qián zǒu yìbǎi mǐ, ránhòu zuǒ zhuǎn.

　　🙍‍♀️ : 실례하지만, 톈안먼에 어떻게 가나요?
　　🙍‍♂️ : 100m 직진한 후 왼쪽으로 도세요.

방향 묻고 답하기

🙍‍♀️ : 最近的地铁站在哪里?
Zuìjìn de dìtiě zhàn zài nǎlǐ?

🙍‍♂️ : 在前面200米的右边。
Zài qiánmian èrbǎi mǐ de yòubian.

　　🙍‍♀️ : 가장 가까운 지하철역은 어디에 있나요?
　　🙍‍♂️ : 앞쪽 200m 오른쪽에 있습니다.

 **연습 TiP**

- 실제 지도를 보며 길을 안내하는 연습을 해보세요.
- 상대방과 역할극을 하며 길을 묻고 답하는 연습을 해보세요.

A 다음 문장을 중국어로 번역해 보세요.

1. 화장실은 어디에 있나요?

2. 은행까지 어떻게 가나요?

3. 오른쪽으로 도세요.

4. 건너편에 있습니다.

B 직접 문장을 만들어 보세요.

1. 자신이 자주 가는 장소를 중국어로 표현해 보세요.

2. 길을 안내하는 문장을 만들어 보세요.

A 1. 洗手间在哪里？ 2. 去银行怎么走？ 3. 请右转。 4. 在对面。

오늘의 복습

- ☐ 길을 묻고 안내하는 표현을 익혔다.
- ☐ 다양한 방향을 나타내는 표현을 직접 만들어 보았다.
- ☐ 실제 대화처럼 말하기 연습을 해보았다.
- ☐ 연습 문제를 풀며 배운 내용을 다시 확인해 보았다.

"이제 중국어로 길을 묻고 안내할 수 있습니다!
다음 학습에서는 병원 및 긴급 상황 표현을 배워보겠습니다. 加油!"

DAY 18 병원 및 긴급 상황 표현

오늘의 목표

- 응급 상황에서 중국어로 도움을 요청하는 방법을 배운다.
- 병원에서 자주 쓰는 기본 표현을 익힌다.
- 급한 상황에서도 중국어로 필요한 말을 할 수 있도록 연습한다.

도움 요청하기

도와주세요!	救命！ Jiùmìng!
응급 상황이에요!	这是紧急情况！ Zhè shì jǐnjí qíngkuàng!
저는 아파요.	我生病了。 Wǒ shēngbìng le.
	我感觉不舒服。 Wǒ gǎnjué bù shūfu.
사고가 났어요!	出事了！ Chū shì le!
경찰을 불러주세요.	请叫警察！ Qǐng jiào jǐngchá!
	请报警！ Qǐng bàojǐng!
저는 길을 잃었어요.	我迷路了。 Wǒ mílù le.
여기가 어디인가요?	这里是哪里？ Zhèlǐ shì nǎlǐ?

응급 상황 대처 TiP

- 救命！은 생명의 위협을 받을 때 사용하는 강한 표현입니다.
- 길을 잃었을 때는 我迷路了。를 활용하세요.

🏥 병원 및 의료 표현

병원은 어디에 있나요?	医院在哪里？ Yīyuàn zài nǎlǐ?
저는 의사를 만나야 해요.	我需要看医生。 Wǒ xūyào kàn yīshēng.
어디가 아프신가요?	你哪里不舒服？ Nǐ nǎlǐ bù shūfu?
배가 아파요.	我肚子疼。 Wǒ dùzi téng.
머리가 아파요.	我头疼。 Wǒ tóuténg.
열이 있어요.	我发烧了。 Wǒ fāshāo le.
약이 필요해요.	我需要药。 Wǒ xūyào yào.
응급차를 불러주세요!	请叫救护车！ Qǐng jiào jiùhùchē!
	请拨打急救电话！ Qǐng bōdǎ jíjiù diànhuà!

💡 병원 방문 TiP

- 응급차가 필요할 때는 请叫救护车！라고 말하세요.
- 증상을 설명할 때는 我(신체부위)疼。을 사용하면 됩니다.

실전 회화 연습

응급 상황 대처하기

🙍‍♀️ : **发生事故了！**
Fāshēng shìgù le!

🙍‍♂️ : **你受伤了吗？**
Nǐ shòushāng le ma?

🙍‍♀️ : 사고가 났어요!
🙍‍♂️ : 다치셨나요?

병원 방문하기

🙍‍♀️ : **医院在哪里？**
Yīyuàn zài nǎlǐ?

🙍‍♂️ : **在前面的右边。**
Zài qiánmiade yòubian.

🙍‍♀️ : **我头疼，想看医生。**
Wǒ tóuténg, xiǎng kàn yīshēng.

🙍‍♂️ : **请稍等，我帮你挂号。**
Qǐng shāoděng, wǒ bāng nǐ guàhào.

🙍‍♀️ : 병원은 어디에 있나요?
🙍‍♂️ : 앞쪽 오른편에 있어요.
🙍‍♀️ : 머리가 아파서 의사를 만나고 싶어요.
🙍‍♂️ : 잠시 기다려 주세요, 접수를 도와드릴게요.

💡 **연습 TiP**

- 응급 상황을 가정하고 도움을 요청하는 연습을 해보세요.
- 병원 방문 시 증상을 설명하는 문장을 연습해 보세요.

A 다음 문장을 중국어로 번역해 보세요.

1. 도와주세요!

2. 저는 길을 잃었어요.

3. 병원은 어디에 있나요?

4. 저는 머리가 아파요.

B 직접 문장을 만들어 보세요.

1. 응급 상황에서 사용할 수 있는 문장을 연습해 보세요.

2. 병원에서 의사와 대화하는 문장을 작성해 보세요.

Ⓐ 1. 救命！ 2. 我迷路了。 3. 医院在哪里？ 4. 我头疼。

오늘의 복습

☐ 응급 상황에서 도움을 요청하는 표현을 익혔다.
☐ 병원에서 사용할 수 있는 표현을 배웠다.
☐ 실제 대화처럼 말하기 연습을 해보았다.
☐ 연습 문제를 풀며 배운 내용을 다시 확인해 보았다.

" 이제 중국어로 응급 상황에서 도움을 요청할 수 있습니다!
다음 학습에서는 호텔 체크인 및 예약하기를 배워보겠습니다. 加油! "

DAY 19

호텔 체크인 및 예약하기

오늘의 목표

- 중국어로 호텔 예약 및 체크인하는 방법을 배운다.
- 호텔에서 사용할 수 있는 기본 표현을 익힌다.
- 여행 중 숙박을 원활하게 해결할 수 있다.

호텔 예약하기

방을 예약하고 싶어요.	我想预订房间。 Wǒ xiǎng yùdìng fángjiān.
빈 방이 있나요?	有空房吗? / 有房间吗? Yǒu kòng fáng ma? / yǒu fángjiān ma?
몇 박 숙박할 예정인가요?	你打算住几晚? Nǐ dǎsuàn zhù jǐ wǎn?
체크인은 몇 시부터 가능한가요?	几点可以办理入住? Jǐ diǎn kěyǐ bànlǐ rùzhù?
조식이 포함되어 있나요?	包含早餐吗? Bāohán zǎocān ma?
가장 저렴한 객실은 얼마인가요?	最便宜的房间多少钱? Zuì piányi de fángjiān duōshao qián? 有没有更便宜的房间? Yǒu méiyǒu gèng piányi de fángjiān?

> **호텔 예약 TiP**
> - 预订은 "사전 예약"을 의미합니다.
> - 入住는 "체크인"을 의미하며, 退房은 "체크아웃"을 의미합니다.

🙋 호텔 체크인

체크인을 하고 싶어요.	我想办理入住。 Wǒ xiǎng bànlǐ rùzhù.
여권을 보여드릴게요.	给您我的护照。 Gěi nín wǒ de hùzhào.
제 예약을 확인해 주세요.	请确认我的预订。 Qǐng quèrèn wǒ de yùdìng.
카드로 결제할 수 있나요?	可以刷卡吗? Kěyǐ shuākǎ ma?
와이파이는 어떻게 연결하나요?	请问WiFi怎么连接? Qǐngwèn WiFi zěnme liánjiē?
와이파이 비밀번호는 무엇인가요?	WiFi密码是多少? WiFi mìmǎ shì duōshao?
체크아웃은 몇 시까지인가요?	退房时间是几点? Tuìfáng shíjiān shì jǐ diǎn?

> **체크인 TiP**
> - 체크인할 때 여권을 준비하세요.
> - 보증금을 요구하는 호텔도 있으므로 결제 방법을 미리 확인하세요.

실전 회화 연습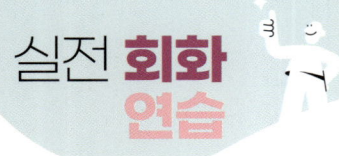

호텔 예약하기

A: 你好，我想预订一个房间。
Nǐ hǎo, wǒ xiǎng yùdìng yí ge fángjiān.

B: 你想住几晚?
Nǐ xiǎng zhù jǐ wǎn?

A: 住三晚。
Zhù sān wǎn.

B: 请问您需要大床房还是双床房?
Qǐngwèn nín xūyào dàchuáng fáng háishi shuāngchuáng fáng?

- A: 안녕하세요, 방을 예약하고 싶어요.
- B: 몇 박 숙박하실 건가요?
- A: 3박이요.
- B: 더블룸을 원하시나요, 트윈룸을 원하시나요?

호텔 체크인

A: 你好，我有预订。
Nǐ hǎo, wǒ yǒu yùdìng.

B: 请出示您的护照。
Qǐng chūshì nín de hùzhào.

A: 给您我的护照。
Gěi nín wǒ de hùzhào.

B: 这是您的房卡，房间号是305。
Zhè shì nín de fángkǎ, fángjiān hào shì sān líng wǔ.

- A: 안녕하세요, 예약했습니다.
- B: 여권을 보여주세요.
- A: 여기 제 여권입니다.
- B: 이것이 객실 키입니다. 방 번호는 305호입니다.

A 다음 문장을 중국어로 번역해 보세요.

1. 방을 예약하고 싶어요.

2. 체크인을 하고 싶어요.

3. 여권을 보여드릴게요.

4. 와이파이 비밀번호는 무엇인가요?

B 직접 문장을 만들어 보세요.

1. 호텔 예약을 위한 문장을 작성해 보세요.

2. 체크인 과정에서 사용할 문장을 만들어 보세요.

A 1. 我想预订一个房间。 2. 我想办理入住。 3. 给您我的护照。 4. WiFi密码是多少?

오늘의 복습

☐ 호텔을 예약하는 표현을 익혔다.
☐ 체크인 및 체크아웃 표현을 배웠다.
☐ 실제 대화처럼 말하기 연습을 해보았다.
☐ 연습 문제를 풀며 배운 내용을 다시 확인해 보았다.

" 이제 중국어로 호텔 예약 및 체크인을 할 수 있습니다!
다음 학습에서는 날씨와 계절 표현을 배워보겠습니다. 加油! "

DAY 20 날씨와 계절 표현

오늘의 목표

- 중국어로 날씨와 계절을 표현하는 방법을 배운다.
- 다양한 기상 상태를 묘사하는 표현을 익힌다.
- 실전회화 연습으로 날씨에 대해 자연스럽게 이야기할 수 있다.

날씨 묻기 및 표현

오늘 날씨 어때요?	今天天气怎么样? Jīntiān tiānqì zěnme yàng?
오늘 날씨가 아주 좋아요.	今天天气很好。 Jīntiān tiānqì hěn hǎo.
비가 와요.	下雨了。 Xià yǔ le.
눈이 와요.	下雪了。 Xià xuě le.
바람이 불어요.	刮风了。 Guā fēng le.
덥고 습해요.	又热又潮湿。 Yòu rè yòu cháoshī.
춥고 건조해요.	又冷又干燥。 Yòu lěng yòu gānzào.
기온이 몇 도인가요?	气温多少度? Qìwēn duōshao dù?
오늘 몇 도예요?	今天几度? Jīntiān jǐ dù? 今天的气温是多少度? Jīntiān de qìwēn shì duōshao dù?

기온이 25도예요.	气温是25度。 Qìwēn shì èrshíwǔ dù.

> **날씨 표현 TiP**
> - 下雨 는 "비가 오다", 下雪 는 "눈이 오다"를 의미합니다.
> - 刮风 은 "바람이 불다"는 의미로 강한 바람일 경우 风很大(fēng hěn dà)라고 표현할 수 있습니다.

 계절

봄	春天 Chūntiān
여름	夏天 Xiàtiān
가을	秋天 Qiūtiān
겨울	冬天 Dōngtiān
봄에는 따뜻해요.	春天很暖和。 Chūntiān hěn nuǎnhuo.
여름에는 덥고 습해요.	夏天很热，也很潮湿。 Xiàtiān hěn rè, yě hěn cháoshī.
가을에는 선선해요.	秋天很凉快。 Qiūtiān hěn liángkuai.
겨울에는 매우 추워요.	冬天很冷。 Dōngtiān hěn lěng.

> **계절 표현 TiP**
> - 暖和 는 "따뜻하다"는 뜻으로, 춥지도 덥지도 않은 날씨를 표현할 때 사용합니다.
> - 凉快 는 시원하고 쾌적한 날씨를 뜻하며, 寒冷 은 매우 추운 날씨를 의미합니다.

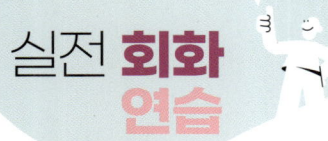

실전 회화 연습

날씨에 대해 이야기하기

🧑‍🦰 : **今天天气怎么样?**
　　　Jīntiān tiānqì zěnme yàng?

🧑 : **今天天气很好，不冷也不热。**
　　　Jīntiān tiānqì hěn hǎo, bù lěng yě bú rè.

　　🧑‍🦰 : 오늘 날씨 어때요?
　　🧑 : 오늘 날씨가 좋아요. 춥지도 덥지도 않아요.

계절에 대해 이야기하기

🧑‍🦰 : **你最喜欢哪个季节?**
　　　Nǐ zuì xǐhuan nǎ ge jìjié?

🧑 : **我最喜欢春天，因为春天很暖和。**
　　　Wǒ zuì xǐhuan chūntiān, yīnwèi chūntiān hěn nuǎnhuo.

　　🧑‍🦰 : 어떤 계절을 가장 좋아하세요?
　　🧑 : 저는 봄을 가장 좋아해요. 봄은 따뜻하니까요.

- 일기예보를 중국어로 듣고 날씨를 묘사하는 연습을 해보세요.
- 상대방과 계절에 대한 대화를 연습하며 다양한 표현을 익혀 보세요.

연습문제

A 다음 문장을 중국어로 번역해 보세요.

1. 오늘 날씨 어때요?

2. 기온이 30도예요.

3. 겨울에는 매우 추워요.

4. 저는 여름을 가장 좋아해요.

B 직접 문장을 만들어 보세요.

1. 오늘의 날씨를 중국어로 표현해 보세요.

2. 자신이 좋아하는 계절과 그 이유를 말해 보세요.

Ⓐ 1. 今天天气怎么样？ 2. 气温是30度。 3. 冬天很冷。 4. 我最喜欢夏天。

오늘의 복습

☐ 날씨를 묻고 답하는 표현을 익혔다.
☐ 계절을 묘사하는 표현을 배웠다.
☐ 실제 대화처럼 말하기 연습을 해보았다.
☐ 연습 문제를 풀며 배운 내용을 다시 확인해 보았다.

❝ 이제 중국어로 날씨와 계절에 대해 이야기할 수 있습니다!
다음 학습에서는 배운 표현과 문장을 복습해 보겠습니다. 加油! ❞

DAY 21 3주차 복습 및 실전 연습

> **오늘의 목표**
> - 3주차 동안 배운 내용을 복습한다.
> - 핵심 표현을 활용하여 실전 회화를 연습한다.

핵심 표현 총정리

🙋 인사 및 자기소개

안녕하세요.	你好。 Nǐ hǎo.
저는 한국 사람입니다.	我是韩国人。 Wǒ shì Hánguó rén.
저는 한국에서 왔습니다.	我来自韩国。 Wǒ láizì Hánguó.
제 이름은 김대한입니다.	我叫金大韩。 Wǒ jiào Jīn Dàhán.
만나서 반갑습니다.	很高兴认识你。 Hěn gāoxìng rènshi nǐ.

🙋 일상 표현

지금 몇 시예요?	现在几点? Xiànzài jǐ diǎn?
오늘은 몇 월 며칠인가요?	今天几月几号? Jīntiān jǐ yuè jǐ hào?
화장실은 어디에 있나요?	洗手间在哪里? Xǐshǒujiān zài nǎlǐ?
얼마인가요?	多少钱? Duōshao qián?
계산서 주세요.	请给我买单。 Qǐng gěi wǒ mǎidān.

🧑‍🍳 교통 및 길 묻기

가장 가까운 지하철역은 어디인가요?	最近的地铁站在哪里？ Zuìjìn de dìtiě zhàn zài nǎlǐ?
이곳까지 어떻게 가나요?	去这里怎么走？ Qù zhèlǐ zěnme zǒu?
왼쪽으로 도세요.	左转。 Zuǒ zhuǎn.
오른쪽으로 도세요.	右转。 Yòu zhuǎn.
똑바로 가세요.	一直走。 Yìzhí zǒu.

3주차
Day 15
Day 16
Day 17
Day 18
Day 19
Day 20
Day 21

🧑‍🍳 음식 주문하기

추천해주실 수 있나요?	可以推荐吗？ Kěyǐ tuījiàn ma?
매운 음식 있나요?	有辣的菜吗？ Yǒu là de cài ma?
물 한 잔 주세요.	请给我一杯水。 Qǐng gěi wǒ yì bēi shuǐ.
더 주문하고 싶어요.	我想再点菜。 Wǒ xiǎng zài diǎn cài.

🧑‍🍳 호텔 및 쇼핑

체크인하고 싶어요.	我想办理入住。 Wǒ xiǎng bànlǐ rùzhù.
가장 저렴한 방이 있나요?	最便宜的房间有吗？ Zuì piányi de fángjiān yǒu ma?
할인 가능할까요?	可以打折吗？ Kěyǐ dǎzhé ma?
이거 너무 비싸요.	这个太贵了。 Zhège tài guì le.

실전 회화 연습

자기소개

👩 : **你好！你叫什么名字？**
Nǐ hǎo! Nǐ jiào shénme míngzi?

👨 : **我叫李明，你呢？**
Wǒ jiào Lǐ Míng, nǐ ne?

👩 : **我叫韩秀珍，很高兴认识你！**
Wǒ jiào Hán Xiùzhēn, hěn gāoxìng rènshi nǐ!

👩 : 안녕하세요! 이름이 뭐예요?
👨 : 저는 리밍입니다. 당신은요?
👩 : 저는 한수진입니다. 만나서 반가워요!

길 묻기

👩 : **请问，最近的地铁站在哪里？**
Qǐngwèn, zuì jìn de dìtiě zhàn zài nǎlǐ?

👨 : **往前走100米，然后右转。**
Yìzhí zǒu yìbǎi mǐ, ránhòu yòu zhuǎn.

👩 : 실례합니다, 가장 가까운 지하철역은 어디인가요?
👨 : 100미터 직진한 후 오른쪽으로 도세요.

음식 주문하기

🧑‍🦰 : **请问，有什么推荐的菜吗?**
Qǐngwèn, yǒu shénme tuījiàn de cài ma?

你们的招牌菜是什么?
Nǐmen de zhāopáicài shì shénme?

🧑 : **麻婆豆腐和宫保鸡丁很好吃!**
Mápó dòufu hé Gōngbǎo jīdīng hěn hǎochī!

🧑‍🦰 : 실례지만, 추천할 만한 요리가 있나요?
대표 요리는 무엇입니까?
🧑 : 마파두부와 꽁빠오지딩이 맛있어요!

A 다음 문장을 중국어로 번역해 보세요.

1. 저는 한국 사람입니다.
   _____

2. 화장실은 어디에 있나요?
   _____

3. 매운 음식 있나요?
   _____

4. 가장 가까운 지하철역은 어디인가요?
   _____

3주차

Day 15
Day 16
Day 17
Day 18
Day 19
Day 20
Day 21

B 직접 문장을 만들어 보세요.

1. 식당에서 주문하는 문장을 작성해 보세요.

_____

2. 호텔 체크인 상황을 설정하고 필요한 문장을 만들어 보세요.

_____

_____

A 1. 我是韩国人。 2. 洗手间在哪里? 3. 有辣的菜吗? 4. 最近的地铁站在哪里?

☐ 다양한 상황에서 사용할 수 있는 표현을 익혔다.
☐ 실전 회화를 연습하여 자연스럽게 말할 수 있다.
☐ 연습 문제를 통해 학습한 내용을 점검했다.

" 이제 중국어 기초가 더욱 탄탄해졌습니다!
다음 학습에서는 취미와 관심사 이야기하기를 배워보겠습니다. 加油! "

욕공! 30일 기초 중국어 회화

4주차

응용 회화 및 실전 연습

Day 22 취미와 관심사 이야기하기

Day 23 감정과 기분 표현

Day 24 미래 계획 이야기하기

Day 25 전화 및 메시지 주고받기

Day 26 초대 및 약속 잡기

Day 27 중국 문화 및 관용 표현

Day 28 실전 대화 롤플레이

Day 29 전체 복습 및 총정리

Day 30 회화 실력 최종 점검

취미와 관심사 이야기하기

오늘의 목표

- 취미와 관심사를 표현하는 방법을 배운다.
- 좋아하는 활동에 대해 묻고 답하는 표현을 익힌다.
- 실전 회화 연습으로 자연스럽게 나의 취미에 대해 이야기할 수 있다.

취미

내 취미는 독서입니다.	我的爱好是看书。 Wǒ de àihào shì kànshū.
저는 책 읽는 것을 좋아합니다.	我喜欢读书。 Wǒ xǐhuan dúshū.
나는 음악 듣는 것을 좋아해요.	我喜欢听音乐。 Wǒ xǐhuan tīng yīnyuè.
나는 운동을 좋아해요.	我喜欢运动。 Wǒ xǐhuan yùndòng.
나는 여행하는 것을 좋아해요.	我喜欢旅游。 Wǒ xǐhuan lǚyóu.
나는 영화 보는 것을 좋아해요.	我喜欢看电影。 Wǒ xǐhuan kàn diànyǐng.
나는 그림 그리는 것을 좋아해요.	我喜欢画画。 Wǒ xǐhuan huàhuà.

취미 표현 TiP

- 爱好 는 "취미"를 뜻하며, 我喜欢 을 활용하면 자연스럽게 좋아하는 활동을 표현할 수 있습니다.

관심사 및 특기

나는 스포츠에 관심이 많아요.	我对体育很感兴趣。 Wǒ duì tǐyù hěn gǎn xìngqù.
나는 요리에 소질이 있어요.	我对做饭很在行。 Wǒ duì zuòfàn hěn zàiháng.
나는 역사에 관심이 있어요.	我对历史感兴趣。 Wǒ duì lìshǐ gǎn xìngqù.
나는 사진 찍는 것을 좋아해요.	我喜欢拍照。 Wǒ xǐhuan pāizhào.
나는 춤추는 것을 좋아해요.	我喜欢跳舞。 Wǒ xǐhuān tiàowǔ.
나는 새로운 것을 배우는 것을 좋아해요.	我喜欢学习新的东西。 Wǒ xǐhuān xuéxí xīn de dōngxi.

관심사 표현 TiP

- 〈对+관심사+感兴趣〉를 활용하여 관심 있는 분야를 표현할 수 있습니다.

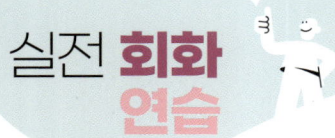

실전 회화 연습

취미에 대해 묻고 답하기

🙍‍♀️ : **你的爱好是什么？**
Nǐ de àihào shì shénme?

🙍‍♂️ : **我的爱好是看书，也喜欢听音乐。**
Wǒ de àihào shì kànshū, yě xǐhuan tīng yīnyuè.

　🙍‍♀️ : 당신의 취미는 무엇인가요?
　🙍‍♂️ : 제 취미는 독서입니다. 그리고 음악 듣는 것도 좋아해요.

관심사에 대해 이야기하기

🙍‍♀️ : **你对什么感兴趣？/ 你对哪些方面感兴趣？**
Nǐ duì shénme gǎn xìngqù? / Nǐ duì nǎxiē fāngmiàn gǎn xìngqù?

🙍‍♂️ : **我对体育和旅行感兴趣。**
Wǒ duì tǐyù hé lǚxíng gǎn xìngqù.

　🙍‍♀️ : 어떤 것에 관심이 있나요?
　🙍‍♂️ : 저는 스포츠와 여행에 관심이 있어요.

- 자신의 취미와 관심사를 다양한 표현으로 말해 보세요.
- 상대방과 서로의 취미에 대해 묻고 답하는 연습을 해보세요.

A 다음 문장을 중국어로 번역해 보세요.

1. 내 취미는 요리하는 것입니다.

2. 나는 사진 찍는 것을 좋아해요.

3. 당신의 취미는 무엇인가요?

4. 나는 역사에 관심이 있어요.

B 직접 문장을 만들어 보세요.

1. 자신의 취미를 중국어로 표현해 보세요.

2. 관심 있는 분야를 소개하는 문장을 작성해 보세요.

A 1. 我的爱好是做饭。 2. 我喜欢拍照。 3. 你的爱好是什么？ 4. 我对历史感兴趣。

오늘의 복습
- [ ] 취미에 대해 묻고 답하는 표현을 배웠다.
- [ ] 관심있는 내용에 대해 말하는 연습을 해보았다.
- [ ] 실제 대화처럼 말하기 연습을 해보았다.
- [ ] 연습 문제를 풀며 배운 내용을 다시 확인해 보았다.

❝ 이제 중국어로 취미와 관심사에 대해 이야기할 수 있습니다!
다음 학습에서는 감정과 기분 표현을 배워보겠습니다. 加油! ❞

DAY 23

감정과 기분 표현

오늘의 목표

- 감정과 기분을 표현하는 방법을 배운다.
- 기쁨, 슬픔, 걱정 같은 다양한 감정을 묘사하는 표현을 익힌다.
- 실전 회화를 연습하여 자연스럽게 감정에 대해 이야기할 수 있다.

기본 감정 표현

나는 행복해요.	我很高兴。 Wǒ hěn gāoxìng. 我感到很高兴。 Wǒ gǎndào hěn gāoxìng.
나는 기뻐요.	我很开心。 Wǒ hěn kāixīn.
나는 슬퍼요.	我很难过。 Wǒ hěn nánguò.
나는 화가 나요.	我很生气。 Wǒ hěn shēngqì.
나는 피곤해요.	我很累。 Wǒ hěn lèi.
나는 걱정돼요.	我很担心。 Wǒ hěn dānxīn.
나는 긴장돼요.	我很紧张。 Wǒ hěn jǐnzhāng.
나는 만족해요.	我很满意。 Wǒ hěn mǎnyì.
나는 놀랐어요.	我很惊讶。 Wǒ hěn jīngyà.
나는 부끄러워요.	我很害羞。 Wǒ hěn hàixiū.

감정 표현 TiP

- 很은 기본적으로 "매우, 아주"라는 의미를 가지고 있으나, 형용사 앞에서는 의미가 없습니다. 이 때 감정을 강조하고 싶다면, 非常 을 사용하면 됩니다.
    예) 我非常高兴。Wǒ fēicháng gāo xìng. 나는 매우 행복해요.
- 感到는 "느끼다"라는 의미를 가진 표현으로, 주로 감정을 표현할 때 격식있는 문어체로 사용할 수 있습니다.
    예) 我感到很难过。Wǒ gǎndào hěn nánguò. 나는 슬픔을 느껴요.

기분과 상태 표현

기분이 좋아요.	我心情很好。 Wǒ xīnqíng hěn hǎo.
기분이 안 좋아요.	我心情不好。 Wǒ xīnqíng bù hǎo.
편안해요.	我感觉很放松。 Wǒ gǎnjué hěn fàngsōng.
스트레스를 받아요.	我有压力。 Wǒ yǒu yālì.
외로워요.	我感到孤单。 Wǒ gǎndào gūdān.
실망했어요.	我很失望。 Wǒ hěn shīwàng.
만족스러워요.	我对这个很满意。 Wǒ duì zhège hěn mǎnyì.

기분 표현 TiP

- 心情 은 "기분"을 나타내는 단어입니다.
- 感觉 는 "느끼다"는 뜻의 동사로, 감정이나 몸 상태 등 폭넓게 느끼는 상황에서 편안한 회화체로 사용할 수 있습니다.
    예) 我感觉很累。Wǒ gǎnjué hěn lèi. 나는 피곤하다고 느껴요.

실전 회화 연습

기분 묻고 답하기

🧑‍🦰 : **你今天心情怎么样？**
　　Nǐ jīntiān xīnqíng zěnme yàng?

🧑 : **我今天很开心，因为天气很好！**
　　Wǒ jīntiān hěn kāixīn, yīnwèi tiānqì hěn hǎo!

　　🧑‍🦰 : 오늘 기분이 어때요?
　　🧑 : 오늘 기분이 좋아요, 날씨가 좋거든요!

감정 표현하기

🧑‍🦰 : **你为什么看起来不开心？**
　　Nǐ wèishéme kàn qǐlái bù kāixīn?

🧑 : **因为我工作太多，很累。**
　　Yīnwèi wǒ gōngzuò tài duō, hěn lèi.

　　🧑‍🦰 : 왜 기분이 안 좋아 보여요?
　　🧑 : 일이 너무 많아서 피곤해요.

💡 유사 표현 TiP

你为什么不高兴？ Nǐ wèishéme bù gāoxìng? 왜 기분이 안 좋아요?

💡 연습 TiP

- 자신의 기분을 표현하는 연습을 해보세요.
- 상대방과 감정을 묻고 답하는 대화를 연습해 보세요.

A 다음 문장을 중국어로 번역해 보세요.

1. 나는 행복해요.

2. 오늘 기분이 어때요?

3. 나는 스트레스를 받아요.

4. 나는 만족해요.

B 직접 문장을 만들어 보세요.

1. 자신의 기분을 중국어로 표현해 보세요.

2. 감정을 묻고 답하는 대화를 만들어 보세요.

Ⓐ 1. 我很高兴。 2. 你今天心情怎么样? 3. 我有压力。 4. 我对这个很满意。

오늘의 복습

- ☐ 감정에 대해 묻고 답하는 표현을 배웠다.
- ☐ 기분과 상태를 표현하는 방법을 익혔다.
- ☐ 실제 대화처럼 말하기 연습을 해보았다.
- ☐ 연습 문제를 풀며 배운 내용을 다시 확인해 보았다.

❝ 이제 중국어로 감정과 기분을 자연스럽게 표현할 수 있습니다!
다음 학습에서는 미래 계획 이야기하기를 배워보겠습니다. 加油! ❞

DAY 24 미래 계획 이야기하기

오늘의 목표

- 앞으로의 계획을 표현하는 방법을 배운다.
- 여행, 학업, 직장 등 다양한 계획을 말하는 표현을 익힌다.
- 실전 회화를 연습하여 자연스럽게 미래 계획을 말할 수 있다.

미래 계획

나는 내년에 중국에 갈 거예요.	明年我要去中国。 Míngnián wǒ yào qù Zhōngguó. 明年我打算去中国。 Míngnián wǒ dǎsuàn qù Zhōngguó.
나는 다음 달에 이사를 갈 거예요.	下个月我要搬家。 Xià ge yuè wǒ yào bānjiā.
나는 곧 새로운 일을 시작할 거예요.	我马上要开始新工作。 Wǒ mǎshàng yào kāishǐ xīn gōngzuò.
나는 중국어를 더 열심히 공부할 거예요.	我要更加努力学习汉语。 Wǒ yào gèngjiā nǔlì xuéxí Hànyǔ.
나는 대학을 졸업한 후 유학을 갈 계획이에요.	我打算大学毕业后去留学。 Wǒ dǎsuàn dàxué bìyè hòu qù liúxué. 我大学毕业后, 计划去留学。 Wǒ dàxué bìyè hòu, jìhuà qù liúxué.

미래 계획 표현 TiP

- 我要는 확정된 계획이나 강한 의지를 표현하는 미래 계획에 사용됩니다.
- 打算은 확정은 아니고, 계획이나 생각을 이야기할 때 자주 사용됩니다.
- 计划는 보다 정식적이고 구체적인 계획을 말할 때 적합합니다.

여행 및 학업 계획

나는 여름 방학 동안 여행을 갈 거예요.
暑假我打算去旅行。
Shǔjià wǒ dǎsuàn qù lǚxíng.

나는 유럽을 여행할 계획이에요.
我计划去欧洲旅行。
Wǒ jìhuà qù Ōuzhōu lǚxíng.

나는 새로운 기술을 배우고 싶어요.
我想学习新的技能。
Wǒ xiǎng xuéxí xīn de jìnéng.

나는 석사 과정을 밟을 예정이에요.
我打算读硕士。
Wǒ dǎsuàn dú shuòshì.

여행 및 학업 계획 표현 TiP

- 想은 희망을 나타낼 때 사용됩니다.
- 暑假는 여름 방학을 의미하며, 假期(jiàqī)는 방학, 연휴, 연차 포함한 "휴가"를 뜻합니다.

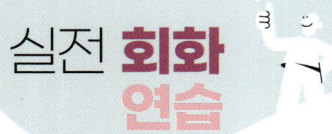

실전 회화 연습

미래 계획 묻고 답하기

A: **你明年有什么计划？**
Nǐ míngnián yǒu shénme jìhuà?

B: **明年我要去中国出差。**
Míngnián wǒ yào qù Zhōngguó chūchāi.

A: 내년에 무슨 계획이 있나요?
B: 내년에 중국으로 출장을 갈 거예요.

여행 계획 이야기하기

A: **你暑假打算做什么？/ 你暑假有什么计划？**
Nǐ shǔjià dǎsuàn zuò shénme? / Nǐ shǔjià yǒu shénme jìhuà?

B: **我打算去美国旅行。**
Wǒ dǎsuàn qù měiguó lǚxíng.

A: 여름 방학에 무엇을 할 계획인가요?
B: 나는 미국 여행을 갈 계획이에요.

 연습 TiP

- 자신의 미래 계획을 다양한 표현으로 말해 보세요.
- 상대방과 서로의 계획을 묻고 답하는 연습을 해보세요.

연습문제

A 다음 문장을 중국어로 번역해 보세요.

1. 나는 다음 달에 이사를 갈 거예요.

2. 나는 새로운 기술을 배우고 싶어요.

3. 내년에 무슨 계획이 있나요?

4. 나는 유럽을 여행할 계획이에요.

B 직접 문장을 만들어 보세요.

1. 자신의 미래 계획을 중국어로 표현해 보세요.

2. 여행 계획을 이야기하는 문장을 작성해 보세요.

A 1. 下个月我要搬家。 2. 我想学习新的技能。 3. 你明年有什么计划? 4. 我计划去欧洲旅行。

오늘의 복습

- [ ] 미래 계획에 대해 묻고 답하는 표현을 배웠다.
- [ ] 여행 및 학업 계획을 말하는 방법을 익혔다.
- [ ] 실제 대화처럼 말하기 연습을 해보았다.
- [ ] 연습 문제를 풀며 배운 내용을 다시 확인해 보았다.

"이제 중국어로 미래 계획을 자연스럽게 이야기할 수 있습니다!
다음 학습에서는 전화 및 메시지 주고받기를 배워보겠습니다. 加油!"

DAY 25

전화 및 메시지 주고받기

오늘의 목표

- 전화 통화를 할 때 유용한 표현을 배운다.
- 문자나 메시지를 주고받을 때 유용한 표현을 익힌다.
- 실전 회화를 연습하여 전화 및 메시지를 자연스럽게 주고받을 수 있다.

전화 통화 관련 표현

여보세요?	喂? Wéi?
누구세요?	你是谁? Nǐ shì shéi?
	请问，您是哪位? Qǐngwèn, nín shì nǎ wèi?
저는 김대한입니다.	我是金大韩。 Wǒ shì Jīn Dàhán.
지금 통화 가능하세요?	你现在方便接电话吗? Nǐ xiànzài fāngbiàn jiē diànhuà ma?
잠시만 기다려 주세요.	请稍等。 Qǐng shāo děng.
다시 전화해 주세요.	请再给我打电话。 Qǐng zài gěi wǒ dǎ diànhuà.
전화를 잘못 거셨습니다.	你打错了。 Nǐ dǎ cuò le.
메시지를 남겨 주세요.	请留言。 Qǐng liúyán.

통화가 끊겼어요. 电话断了。 Diànhuà duàn le.
信号不好，电话中断了。
Xìnhào bù hǎo, diànhuà zhōngduàn le.

> **전화 표현 TiP**
> - 喂 는 전화 받을 때 쓰는 표현이며, 대화 중에는 사용하지 않습니다.
> - 请稍等 은 상대방에게 잠시 기다려 달라고 할 때 유용한 표현입니다.

메시지 보내기

메시지를 보냈어요. 我发短信了。 Wǒ fā duǎnxìn le.
我刚给你发了条短信。
Wǒ gāng gěi nǐ fā le tiáo duǎnxìn.

메시지를 확인해 주세요. 请查看短信。 Qǐng chákàn duǎnxìn.

답장해 주세요. 请回复我。 Qǐng huífù wǒ.

음성 메시지를 남길게요. 我会留语音消息。
Wǒ huì liú yǔyīn xiāoxi.

사진을 보낼게요. 我会发照片。 Wǒ huì fā zhàopiàn.

지금 메시지를 받을 수 없어요. 我现在不能接收短信。
Wǒ xiànzài bùnéng jiēshōu duǎnxìn.

인터넷이 없어서 메시지를 못 받았어요. 因为没有网络，我没收到短信。
Yīnwèi méiyǒu wǎngluò, wǒ méi shōudào duǎnxìn.

> **메시지 표현 TiP**
> - 短信 은 "문자 메시지"를 의미하고, 语音消息 는 "음성 메시지"를 의미합니다.
> - 回复 는 "답장"을 의미하며, 查看 은 메시지를 "확인"하는 것을 뜻합니다.

실전 회화 연습

전화 통화하기

🧑‍🦰 : **喂？**
Wéi?

👦 : **你好，我是李明。**
Nǐ hǎo, wǒ shì Lǐ Míng.

🧑‍🦰 : **你现在方便接电话吗？**
Nǐ xiànzài fāngbiàn jiē diànhuà ma?

👦 : **不好意思，我现在有点忙，等一下给你回电话。**
Bù hǎoyìsi, wǒ xiànzài yǒudiǎn máng, děng yíxià gěi nǐ huí diànhuà.

🧑‍🦰 : 여보세요?
👦 : 안녕하세요, 저는 리밍입니다.
🧑‍🦰 : 지금 통화 가능하세요?
👦 : 죄송해요, 지금 조금 바빠서 이따가 다시 전화할게요.

메시지 보내기

🧑‍🦰 : **我给你发短信了。**
Wǒ gěi nǐ fā duǎnxìn le.

👦 : **好的，我马上查看。**
Hǎo de, wǒ mǎshàng chákàn.

🧑‍🦰 : 메시지 보냈어요.
👦 : 네, 바로 확인할게요.

연습문제

A 다음 문장을 중국어로 번역해 보세요.

1. 여보세요?

2. 지금 통화 가능하세요?

3. 메시지를 확인해 주세요.

4. 답장해 주세요.

B 직접 문장을 만들어 보세요.

1. 친구에게 전화를 거는 상황을 연습해 보세요.

2. 메시지를 주고받는 문장을 만들어 보세요.

A 1. 喂？ 2. 你现在方便接电话吗？ 3. 请查看短信。 4. 请回复我。

오늘의 복습

☐ 전화 통화에서 쓸 수 있는 표현을 배웠다.
☐ 문자나 메시지 주고받을 때 자주 쓰는 표현을 익혔다.
☐ 실제 대화처럼 말하기 연습을 해보았다.
☐ 연습 문제를 풀며 배운 내용을 다시 확인해 보았다.

" 이제 중국어로 전화 통화와 메시지를 자연스럽게 주고받을 수 있습니다!
다음 학습에서는 초대 및 약속 잡기를 배워보겠습니다. 加油! "

DAY 26 초대 및 약속 잡기

오늘의 목표

- 누군가를 초대할 때 쓰는 표현을 배운다.
- 약속을 잡고 시간을 정하는 방법을 익힌다.
- 실전 회화를 연습하여 자연스럽게 초대하고 약속을 정할 수 있다.

초대하기

저녁 식사하러 갈래요?	你想去吃晚饭吗? Nǐ xiǎng qù chī wǎnfàn ma?
주말에 시간 있어요?	你周末有时间吗? Nǐ zhōumò yǒu shíjiān ma?
우리 같이 영화 볼까요?	我们一起去看电影吧。 Wǒmen yìqǐ qù kàn diànyǐng ba. 我们去看电影，好吗? Wǒmen qù kàn diànyǐng, hǎo ma?
내일 점심 먹을래요?	明天一起吃午饭吧。 Míngtiān yìqǐ chī wǔfàn ba.
이번 주말에 파티를 열 거예요.	这个周末我要办一个派对。 Zhège zhōumò wǒ yào bàn yí ge pàiduì.
너도 올래?	你也来吗? Nǐ yě lái ma?

초대 표현 TiP

- 想은 "하고 싶다"의 의미인데, 상대방의 의사를 물을 때 사용할 수 있습니다.
- 一起는 "같이"라는 뜻으로 함께하는 행동을 표현할 때 유용합니다.

약속 정하기

언제 시간이 있어요?	你什么时候有空? Nǐ shénme shíhou yǒu kòng?
우리 몇 시에 만날까요?	我们几点见面? Wǒmen jǐ diǎn jiànmiàn?
우리 어디에서 만날까요?	我们在哪里见面? Wǒmen zài nǎlǐ jiànmiàn?
8시까지 갈게요.	我会在八点前到。 Wǒ huì zài bā diǎn qián dào.
	我大概八点到。 Wǒ dàgài bā diǎn dào.
미안해요, 시간이 안 돼요.	对不起，我没时间。 Duìbuqǐ, wǒ méi shíjiān.
다음에 만나요.	下次见! Xiàcì jiàn!

약속 표현 TiP

- 有空은 "시간이 있다"는 뜻이고, 没空은 "시간이 없다"는 의미입니다.
- 见面은 "만나다"를 의미하며, 〈장소+见面〉구조로 사용됩니다.

실전 회화 연습

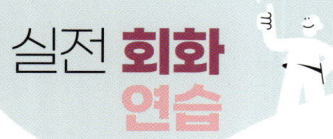

친구 초대하기

🙍‍♀️ : **这个周末我要办一个派对，你也来吗？**
Zhège zhōumò wǒ yào bàn yí ge pàiduì, nǐ yě lái ma?

🙍‍♂️ : **当然！几点开始？**
Dāngrán! Jǐ diǎn kāishǐ?

> 🙍‍♀️ : 이번 주말에 파티를 열 거야. 너도 올래?
> 🙍‍♂️ : 당연하죠! 몇 시에 시작해요?

약속 잡기

🙍‍♀️ : **你什么时候有空？**
Nǐ shénme shíhou yǒu kòng?

🙍‍♂️ : **我周六下午有空。**
Wǒ zhōuliù xiàwǔ yǒu kòng.

🙍‍♀️ : **那我们三点见面吧！**
Nà wǒmen sān diǎn jiànmiàn ba!

> 🙍‍♀️ : 언제 시간이 있어?
> 🙍‍♂️ : 토요일 오후에 시간 있어.
> 🙍‍♀️ : 그럼 우리 3시에 만나자!

연습문제

A 다음 문장을 중국어로 번역해 보세요.

1. 주말에 시간 있어요?

2. 우리 어디에서 만날까요?

3. 미안해요, 시간이 안 돼요.

4. 다음에 만나요!

B 직접 문장을 만들어 보세요.

1. 친구를 초대하는 문장을 작성해 보세요.

2. 약속을 잡는 문장을 연습해 보세요.

A 1. 你周末有时间吗？ 2. 我们在哪里见面？ 3. 对不起，我没时间。 4. 下次见！

오늘의 복습

- ☐ 초대할 때 쓸 수 있는 표현을 배웠다.
- ☐ 약속을 잡고 시간을 정하는 표현을 익혔다.
- ☐ 실제 대화처럼 말하기 연습을 해보았다.
- ☐ 연습 문제를 풀며 배운 내용을 다시 확인해 보았다.

❝ 이제 중국어로 자연스럽게 초대하고 약속을 잡을 수 있습니다!
다음 학습에서는 중국 문화 및 관용 표현을 배워보겠습니다. 加油! ❞

중국 문화 및 관용 표현

오늘의 목표

- 중국 문화를 알아보고 기본적인 관용 표현을 배운다.
- 중국에서 자주 사용하는 일상 표현을 익힌다.
- 실전 회화를 연습하여 자연스럽게 중국 문화를 반영한 표현을 사용할 수 있다.

인사 및 예절

안녕하세요.	你好。 Nǐ hǎo.
만나서 반갑습니다.	很高兴认识你。 Hěn gāoxìng rènshi nǐ.
실례합니다.	不好意思。 Bù hǎoyìsi.
감사합니다.	谢谢。 Xièxiè.
천만에요.	不客气。 Búkèqi.
죄송합니다.	对不起。 Duìbuqǐ.
괜찮아요.	没关系。 Méiguanxi.

중국 문화 TiP

- 우리나라처럼 악수 문화입니다. 악수를 할 때 가볍게 하는 것이 일반적이며, 너무 강한 악수는 피하는 것이 좋습니다.
- 인사할 때 가벼운 목례를 하는 것이 예의로 여겨질 수 있습니다.

🧋 중국에서 자주 사용하는 관용 표현

| 잘 먹겠습니다! | 我开动了! Wǒ kāidòng le! |
| | 我开吃了! Wǒ kāi chī le! |

수고하셨습니다!　　　辛苦了! Xīnkǔ le!

건배!　　　干杯! Gānbēi!

축하합니다!　　　祝贺你! Zhùhè nǐ!

화이팅!　　　加油! Jiāyóu!

몸 조심하세요!　　　保重身体! Bǎozhòng shēntǐ!

 문화적 표현 TiP

- 辛苦了 는 상대방의 노고를 인정하는 표현으로 자주 사용됩니다.
- 加油 는 응원의 표현으로 스포츠 경기, 시험 전 등에 많이 사용됩니다.

실전 회화 연습

일상에서 자주 사용하는 표현

🧑‍🦰 : 你最近怎么样？/ 最近过得怎么样？
Nǐ zuìjìn zěnme yàng? / Zuìjìn guò de zěnme yàng?

🧑 : 还不错，谢谢！
Hái búcuò, xièxie!

🧑‍🦰 : 요즘 어떻게 지내세요?
🧑 : 괜찮아요, 감사합니다!

중국식 예절 표현하기

🧑‍🦰 : 你辛苦了！
Nǐ xīnkǔ le!

🧑 : 谢谢，你也是！
Xièxie, nǐ yě shì!

🧑‍🦰 : 수고하셨습니다!
🧑 : 고마워요, 당신도요!

 연습 TiP

- 중국인과 인사하고 예절 표현을 연습해 보세요.
- 식사 자리에서 자연스럽게 건배를 제안하는 연습을 해보세요.

연습문제

A 다음 문장을 중국어로 번역해 보세요.

1. 축하합니다!

2. 몸 조심하세요!

3. 잘 먹겠습니다!

4. 화이팅!

B 직접 문장을 만들어 보세요.

1. 중국식 예절 표현을 활용하여 문장을 만들어 보세요.

2. 친구에게 응원의 메시지를 작성해 보세요.

A 1. 祝贺你! 2. 保重身体! 3. 我开动了! / 我开吃了! 4. 加油!

오늘의 복습
- 중국 문화와 예절을 이해했다.
- 일상에서 자주 사용하는 관용 표현을 익혔다.
- 실제 대화처럼 말하기 연습을 해보았다.
- 연습 문제를 풀며 배운 내용을 다시 확인해 보았다.

" 이제 중국 문화와 관용 표현을 자연스럽게 사용할 수 있습니다!
다음 학습에서는 실전 대화 연습을 해보겠습니다. 加油! "

DAY 28

실전 대화 롤플레이

오늘의 목표

- 실전 회화 연습을 통해 중국어로 자연스럽게 대화할 수 있다.
- 다양한 상황에서의 대화를 연습해 본다.
- 자주 사용하는 표현을 반복 연습하여 유창성을 높인다.

🧑‍🍳 음식 주문하기

A : **欢迎光临！请问几位？**
Huānyíng guānglín! Qǐngwèn jǐ wèi?

B : **两位，请给我们一个靠窗的座位。**
Liǎng wèi, qǐng gěi wǒmen yí ge kàochuāng de zuòwèi.

A : **这是菜单，请慢慢看。**
Zhè shì càidān, qǐng mànman kàn.

B : **我们要一份宫保鸡丁和一碗米饭。**
Wǒmen yào yí fèn Gōngbǎo Jīdīng hé yì wǎn mǐfàn.

A : 어서 오세요! 몇 분이세요?
B : 두 명이에요. 창가 자리로 주세요.
A : 여기 메뉴판입니다. 천천히 보세요.
B : 꽁빠오지딩 하나와 밥 한 그릇 주세요.

주요 단어 정리

光临 guānglín
방문하다(존칭)

靠窗 kàochuāng
창가

菜单 càidān
메뉴판

宫保鸡丁 Gōngbǎo Jīdīng
꽁빠오지딩

🛍️ 쇼핑하기

A : **你好，请问需要什么？**
　　Nǐ hǎo, qǐngwèn xūyào shénme?

B : **我想买一件T恤，你们有什么推荐的吗？**
　　Wǒ xiǎng mǎi yí jiàn T-xù, nǐmen yǒu shénme tuījiàn de ma?

A : **这款很受欢迎，颜色和款式都很好看。**
　　Zhè kuǎn hěn shòu huānyíng, yánsè hé kuǎnshì dōu hěn hǎokàn.

B : **多少钱？**
　　Duōshao qián?

　　A : 안녕하세요. 무엇을 찾으세요?
　　B : 티셔츠 하나 사고 싶은데, 추천해 주실 게 있나요?
　　A : 이 디자인이 인기가 많아요. 색상과 스타일도 좋아요.
　　B : 가격이 얼마예요?

주요 단어 정리

需要 xūyào
필요하다

推荐 tuījiàn
추천하다

受欢迎 shòu huānyíng
인기가 많다

🗺️ 길 묻기

A : **请问，最近的地铁站在哪里？**
　　Qǐngwèn, zuì jìn de dìtiě zhàn zài nǎlǐ?

B : **一直走200米，然后右转，就到了。**
　　Yìzhí zǒu èrbǎi mǐ, ránhòu yòu zhuǎn, jiù dào le.

A : **谢谢！**
　　Xièxie!

B : **不客气！**
　　Búkèqi!

　　A : 실례합니다. 가장 가까운 지하철역은 어디인가요?
　　B : 200미터 직진한 후 오른쪽으로 도시면 됩니다.
　　A : 감사합니다!
　　B : 천만에요!

주요 단어 정리

地铁站 dìtiě zhàn
지하철역

最近 zuì jìn
가장 가깝다

一直走 yìzhí zǒu
계속 직진하다

A 음식을 주문하는 상황에 맞는 대화를 완성하세요.

A: 欢迎光临！请问几位？
B: 두 명이에요. 창가 자리로 주세요.

A: 这是菜单，请慢慢看。
B: 꿍빠오지딩 하나와 밥 한 그릇 주세요.

B 다음 단어들을 올바른 순서로 배열해 문장을 완성하세요.

1. 宫保鸡丁 / 我们 / 一份 / 要
우리는 꿍빠오지딩 하나를 주문합니다.

2. 这款 / 很 / 款式 / 好看 / 和 / 颜色
이 디자인은 색상과 스타일이 예쁩니다.

3. 然后 / 二百米 / 一直走 / 右转
200미터 직진한 후 오른쪽으로 도세요.

C 다음 우리말에 알맞게 중국어로 문장을 완성하세요.

1. 어서 오세요! 몇 분이세요?
   欢迎_____! 请问_____位?

2. 티셔츠 하나 사고 싶은데, 추천해 주실 게 있나요?
   我想买_____T恤，你们有什么_____吗?

3. 실례합니다, 가장 가까운 지하철역은 어디인가요?
   请问，最近的_____在哪里?

D 다음 문장을 중국어로 번역해 보세요.

1. 창가 자리로 주세요.
2. 얼마예요?
3. 메뉴판 주세요.

Ⓐ 两位，请给我们一个靠窗的座位。/ 我们要一份宫保鸡丁和一碗米饭。
Ⓑ 1. 1. 我们要一份宫保鸡丁。 2. 1. 这款颜色和款式很好看。 3. 1. 一直走二百米，然后右转。
Ⓒ 1. 光临, 几 2. 一件, 推荐的 3. 地铁站 Ⓓ 1. 请给我们一个靠窗的座位。 2. 多少钱? 3. 请给我菜单

오늘의 복습
- [ ] 다양한 실전 대화 표현을 복습했다.
- [ ] 식당, 쇼핑, 길 묻기 등 다양한 상황에서 대화를 연습했다.
- [ ] 연습 문제를 풀며 배운 내용을 다시 확인해 보았다.

" 이제 중국어로 실전 대화를 자연스럽게 할 수 있습니다!
다음 학습에서는 전체 복습 및 테스트를 해보겠습니다. 加油! "

DAY 29 전체 복습 및 총정리

오늘의 목표

- 4주 동안 배운 내용을 종합적으로 복습한다.
- 주요 표현과 문장 구조를 다시 확인하고 연습한다.
- 실전 테스트를 통해 학습한 내용을 점검하고 실력을 강화한다.
- 다양한 상황에 맞게 표현을 응용해 보는 연습을 한다.

핵심 표현 총정리

인사 및 자기소개

안녕하세요.	你好。 Nǐ hǎo.
제 이름은 김대한입니다.	我叫金大韩。 Wǒ jiào Jīn Dàhán.
저는 한국 사람입니다.	我是韩国人。 Wǒ shì Hánguó rén.
	我来自韩国。 Wǒ láizì Hánguó.
저는 학생입니다.	我是学生。 Wǒ shì xuéshēng.
만나서 반갑습니다.	很高兴认识你。 Hěn gāoxìng rènshi nǐ.
오랜만이에요.	好久不见。 Hǎojiǔ bú jiàn.
어떻게 지내세요?	你最近怎么样? Nǐ zuìjìn zěnme yàng?
저는 중국어를 공부하고 있어요.	我在学习汉语。 Wǒ zài xuéxí Hànyǔ.

숫자 및 시간 표현

1–10	一, 二, 三, 四, 五, 六, 七, 八, 九, 十 yī, èr, sān, sì, wǔ, liù, qī, bā, jiǔ, shí
20, 30, 40… 100	二十, 三十, 四十… 百 èrshí, sānshí, sìshí… bǎi
지금 몇 시입니까?	现在几点? Xiànzài jǐ diǎn?

오전 9시입니다.	现在上午九点。 Xiànzài shàngwǔ jiǔ diǎn.
오늘은 몇 월 며칠입니까?	今天几月几号？ Jīntiān jǐ yuè jǐ hào?
내일은 며칠인가요?	明天几号？ Míngtiān jǐ hào?
몇 시에 약속이 있나요?	你几点有约？ Nǐ jǐ diǎn yǒu yuē?

4주차
Day 22
Day 23
Day 24
Day 25
Day 26
Day 27
Day 28
Day 29
Day 30

🧑‍🏫 기본 회화 표현

얼마예요?	多少钱？ Duōshao qián?
이건 뭐예요?	这是什么？ Zhè shì shénme?
어디에 가세요?	你去哪儿？ Nǐ qù nǎr?
	你去哪里？ Nǐ qù nǎlǐ?
도와주세요!	请帮我！ Qǐng bāng wǒ!
	请帮帮我！ Qǐng bāng bang wǒ!
길을 잃었어요.	我迷路了。 Wǒ mílù le.
화장실이 어디예요?	洗手间在哪里？ Xǐshǒujiān zài nǎlǐ?
여기에서 가까운 지하철역은 어디예요?	这里最近的地铁站在哪里？ Zhèlǐ zuì jìn de dìtiě zhàn zài nǎlǐ?

🧑‍🏫 필수 동사 표현

먹다	吃 chī	마시다	喝 hē	가다	去 qù
오다	来 lái	보다	看 kàn	사다	买 mǎi
팔다	卖 mài	말하다	说 shuō	배우다	学 xué
듣다	听 tīng				

연습문제

A 다음 우리말에 알맞게 중국어로 문장을 완성하세요.

1. 오늘 몇 월 며칠인가요?
   今天 _____ ?

2. 이건 뭐예요?
   这 _____ ?

3. 길을 잃었어요.
   我 _____ .

4. 몇 시에 약속이 있나요?
   你 _____ 有约?

B 다음 문장을 중국어로 번역해 보세요.

1. 지금 몇 시입니까? _____
2. 저는 한국 사람입니다. _____
3. 어디에 가세요? _____
4. 화장실이 어디예요? _____

C 직접 문장을 만들어 보세요.

1. 자기소개 문장을 작성해 보세요.

_____

_____

2. 중국어로 하루 일과를 표현해 보세요.

_____

_____

_____

Ⓐ 1. 几月几号 2. 是什么 3. 迷路了 4. 几点
Ⓑ 1. 现在几点? 2. 我是韩国人。/ 我来自韩国。 3. 你去哪儿? / 你去哪里? 4. 洗手间在哪里?

☐ 핵심 표현으로 문장을 직접 만들고 말하는 연습을 해보았다.
☐ 다양한 표현을 활용하여 대화를 이어갈 수 있다.
☐ 연습 문제를 풀며 배운 내용을 다시 확인해 보았다.

❝ 이제 거의 마무리 단계입니다!
내일은 회화 실력 최종 점검을 진행하겠습니다. 加油! ❞

회화 실력 최종 점검

> **오늘의 목표**
> - 지금까지 배운 내용을 실전에서 자연스럽게 활용할 수 있도록 연습한다.
> - 최종 테스트를 통해 자신의 실력을 점검하고 부족한 부분을 보완한다.
> - 주요 문법 및 단어를 정리하여 배운 내용을 체계적으로 복습한다.

핵심 표현 총정리

🧑‍🏫 자기소개 연습

A : 你好，我叫小明，你呢？ Nǐ hǎo, wǒ jiào Xiǎo Míng, nǐ ne?

B : 你好，我叫金大韩，我是韩国人。 Nǐ hǎo, wǒ jiào Jīn Dàhán, wǒ shì Hánguó rén.

A : 你现在在做什么？ Nǐ xiànzài zài zuò shénme?

B : 我在学习汉语。 Wǒ zài xuéxí Hànyǔ.

A : 你为什么学汉语？ Nǐ wèishéme xué Hànyǔ?

B : 因为我喜欢中国文化。 Yīnwèi wǒ xǐhuan Zhōngguó wénhuà.

A : 안녕하세요, 저는 샤오밍입니다. 당신은요?
B : 안녕하세요, 저는 김대한입니다. 저는 한국 사람입니다.
A : 지금 뭐 하고 계세요?
B : 저는 중국어를 공부하고 있어요.
A : 왜 중국어를 배우세요?
B : 저는 중국 문화를 좋아하기 때문이에요.

> 💡 **주요 단어 및 문법 TiP**
> - 你呢?는 상대방에게 같은 질문을 돌려줄 때 간편하게 사용하는 표현입니다.
> - 〈在+동사〉는 "~하고 있는 중이다"라는 현재 진행형을 나타낼 수 있습니다.
> - 因为는 이유를 설명할 때 유용한 표현입니다.

🧑‍🏫 일상 대화 연습

A: **你今天过得怎么样？** Nǐ jīntiān guò de zěnme yàng?

B: **还不错，我今天去咖啡店，喝了一杯咖啡。**
Hái búcuò, wǒ jīntiān qù kāfēidiàn, hē le yì bēi kāfēi.

A: **你平时周末喜欢做什么？** Nǐ píngshí zhōumò xǐhuan zuò shénme?

B: **我喜欢去公园散步，有时候看电影。**
Wǒ xǐhuan qù gōngyuán sànbù, yǒu shíhou kàn diànyǐng.

> A : 오늘 하루 어땠어요? B : 괜찮았어요. 오늘 카페에 가서 커피 한 잔 마셨어요.
> A : 보통 주말에는 무엇을 하는 걸 좋아하세요?
> B : 저는 공원에서 산책하는 걸 좋아해요. 가끔 영화도 봐요.

💡 주요 단어 및 문법 TiP

- 喜欢 는 "좋아하다"는 뜻으로, 사람, 음식, 활동 등 다양한 대상에 사용할 수 있습니다.
- 有时候 는 "가끔, 때때로"라는 뜻으로, 문장의 앞이나 중간에 자주 위치합니다.
- 过得怎么样? 는 상대방의 생활이나 근황, 시간을 어떻게 보냈는지를 물을 때 쓰는 표현입니다.

🧑‍🏫 쇼핑 상황 연습

A: **你好，请问你需要什么？** Nǐ hǎo, qǐngwèn nǐ xūyào shénme?

B: **我想买一件衬衫，这个多少钱？**
Wǒ xiǎng mǎi yí jiàn chènshān, zhège duōshao qián?

A: **这件200块，不过现在打折，只要150块。**
Zhè jiàn èrbǎi kuài, búguò xiànzài dǎzhé, zhǐ yào yìbǎi wǔshí kuài.

> A : 안녕하세요, 무엇을 찾으세요? B : 셔츠 하나 사고 싶은데, 이거 얼마예요?
> A : 이건 200위안인데, 지금 할인해서 150위안이에요.

💡 주요 단어 및 문법 TiP

- 多少钱? 는 "얼마예요?"라는 뜻으로, 물건의 가격을 물어볼 때 씁니다. 这个(이것)나 那个(저것)를 사용하여 해당 물건을 가리키며 쓸 수도 있습니다.
- 打折 는 물건이 할인될 때 쓰는 표현으로, 몇 % 할인인지 말할 수도 있습니다.
  예) 今天打八折。Jīntiān dǎ bā zhé. 오늘은 20% 할인해요.(*80% 가격에 판매한다는 뜻)

연습문제

A 다음 우리말에 알맞게 중국어로 문장을 완성하세요.

1. 저는 중국어를 공부하고 있어요.
   我 _____ 汉语。

2. 이거 얼마예요?
   这 _____ ?

3. 오늘 하루 어땠어요?
   你今天 _____ ?

4. 보통 주말에 무엇을 하는 걸 좋아해요?
   你 _____ 周末 _____ 做什么?

B 다음 문장을 중국어로 번역해 보세요.

1. 지금 뭐 하고 계세요?　_____

2. 왜 중국어를 배우세요?　_____

3. 저 영화보는 거 좋아해요.　_____

4. 이거 할인 하나요?　_____

4주차

Day 22
Day 23
Day 24
Day 25
Day 26
Day 27
Day 28
Day 29
Day 30

C 직접 문장을 만들어 보세요.

1. 상대방과 일상 대화를 나누는 대화를 만들어 보세요.

2. 쇼핑할 때 사용할 수 있는 문장을 연습해 보세요.

Ⓐ 1. 在学习 2. 多少钱 3. 过得怎么样 4. 平时, 喜欢
Ⓑ 1. 你现在在做什么? 2. 你为什么学汉语? 3. 我喜欢看电影. 4. 这个打折吗?

오늘의 복습

☐ 배운 내용을 종합적으로 복습했다.
☐ 실전 회화 연습을 통해 자연스럽게 중국어를 말할 수 있게 되었다.
☐ 최종 테스트를 통해 자신의 실력을 점검했다.
☐ 스스로 문장을 만들어보며 실전 감각을 익혔다.

❝ 축하합니다! 이제 중국어 기초 회화를 끝냈습니다!
앞으로도 자주 복습하고 실전 연습을 하면 중국어가 더 유창해질 수 있습니다. 지금처럼 꾸준히 학습을 이어가세요! 加油! ❞

다 음 학 습 가 이 드

수고 많으셨어요!
기초 회화 과정을 잘 마치셨어요!
먼저, 여기까지 열심히 달려온 여러분께
진심으로 박수를 보냅니다.
발음부터 시작해서 간단한 자기소개,
일상 표현까지 차근차근 배우며 중국어의
기초를 다지는 데 큰 걸음을 내디뎠어요.
이제는 막연했던 중국어 문장도 조금씩
눈에 들어오고, 간단한 대화도 자신감
있게 해볼 수 있게 되었죠?
이제 여러분은 '중국어 입문자'를 벗어나
'기초 사용자'의 길에 들어섰다고 볼 수
있어요. 그럼 이제 어디로 가야 할까요?
다음 단계를 안내해 드릴게요!

복습은 선택이 아니라 필수!
꾸준한 복습 방법 추천

기초는 금방 잊히기 쉽습니다. 그래서 가장 중요한 건 반복과 꾸준함이에요.

추천 복습 루틴

하루 10분, 예습 대신 복습
그날 배운 표현, 단어, 문장을 다시 말해보고 따라 읽어보세요. 하루 10분이면 충분해요.

3일, 7일, 14일 복습법
새로 배운 표현은 3일 뒤, 7일 뒤, 14일 뒤에 다시 보는 것이 기억에 오래 남아요. 노트를 따로 만들어 두면 더 좋아요.

녹음 복습
내 목소리를 녹음하면서 문장을 말해보세요. 내 발음과 억양을 직접 들어보고 원어민과 비교하면서 스스로 교정할 수 있어요.

중국어 일기 쓰기
하루 한 줄이라도 중국어로 써보세요.

HSK 1급을 목표로!
단계별 학습 가이드

HSK(汉语水平考试)는 중국어 능력을 평가하는 국제 공인 시험으로 중국 교육부 산하 한반(汉办)에서 주관하며, 총 6단계(Level 1~6)로 구성되어 있어요. HSK 1급은 가장 기초 단계로, 중국어를 막 시작한 학습자가 도전해 볼 수 있습니다. 총점 200점 중 120점 이상이면 합격인데, 기초 학습 후 2~3개월 내에 충분히 합격 가능합니다.

HSK 1급이란?
약 150개의 단어를 기반으로 한 가장 기초 단계예요. 기본 인사말, 자기소개, 숫자, 시간, 가족 소개 등 실생활에서 자주 쓰는 표현들이 중심이에요.

HSK 1급 준비 방법

❶ 단어 암기
하루에 5~10개씩 단어장을 만들어 외워보세요. 반복 퀴즈나 단어 노트, 암기 앱을 활용하여 틈틈이 공부하면 더 효과적입니다.

❷ 문장 따라 쓰기 / 읽기
교재나 온라인 강의에서 나온 문장을 손으로 써보며 외워보세요. 읽을 수 있는 문장이 많아질수록 듣기 실력도 함께 올라가요. 병음을 정확히 익혀야 듣기 문제에서 헷갈리지 않아요.

❸ 모의고사 풀어보기
HSK 1급 기출문제를 풀어보면서 유형에 익숙해지는 게 중요해요. 실전 감각을 기르는 데 큰 도움이 됩니다.

실전 회화, 멈추지 마세요!
자연스럽게 말하는 연습

문법과 단어 공부도 중요하지만, '입 밖으로 말해보는 연습' 없이는 실력이 늘지 않아요. 실전 회화를 계속 연습하는 것이 가장 중요한 이유죠.

실전 회화 연습 팁

중국어로 혼잣말 하기
예) 지금 뭐하지? → 现在我在干什么?
생활 속 생각을 중국어로 바꿔보는 연습을 해보세요.

말하기 챌린지
하루 1문장, 3문장 말해보기
예) 今天我很累。 오늘 나는 피곤해요.
　　天气很好。 날씨가 좋아요.
　　我想喝奶茶。 나는 밀크티를 마시고 싶어요.

말하기 파트너 찾기
언어 교환을 할 원어민 친구를 만들어보는 것도 좋아요. 틀려도 괜찮아요! 말하는 용기를 가지는 게 가장 중요해요.

중국어 영상 따라 말하기
드라마나 유튜브 영상을 보면서 따라 말해보는 '쉐도잉'도 큰 도움이 됩니다. 짧은 문장부터 시작해보세요!

지금까지의 학습은 중국어 여정의 시작일 뿐이에요.
기초를 다진 지금이 가장 중요한 시기입니다.
매일 조금씩이라도 꾸준히! 그리고 즐겁게! 앞으로도 계속 함께
중국어 실력을 키워나가길 응원할게요. 계속해서 加油! 할 수 있어요!

MEMO

 **MEMO**